KAMINOGE Nº103

Cover PHOTO
KUNIYOSHI TAIKO

※ソーシャルディスタンスすぎる浜崎朱加さん

BLACK
LIVES
MATTER

VOL.102

ウソとセルフプロデュース

プチ鹿島

プチ鹿島（ぷち・かしま）1970年5月23日生まれ。芸人。テレビ朝日系『サンデーステーション』（日曜午後4時30分〜）レギュラー出演中です。

ページをめくるたびに仰天する本に出会った。『女帝 小池百合子』（石井妙子著・文藝春秋）である。帯は「救世主か？〝怪物〟か？ 彼女の真の姿。」。

なぜ『KAMINOGE』でこの本に触れるか。説明していこう。

小池氏には以前から「学歴詐称」疑惑があった。これについてノンフィクション作家の石井妙子氏が、次のように書いている。

《小池氏とカイロで共に暮らし、小池氏のカイロ大学生活を誰よりもよく知る元同居人女性の早川玲子さん（仮名）から詳細な証言と当時の手帳や写真などの資料提供を得て取材をし、「小池さんはカイロ大学を卒業していない」との詳細な証言を得た。》（『週刊文春』）

本書では著者が一貫して使っている表現に気づく。それは「物語」だ。カギカッコ付きの。

小池氏はこれまで私的な「物語」をマスコミを通じて最大限に売りにしてきた。石井氏の取材報告を読むと「カイロ大学を卒業。しかも首席」疑惑は、あくまで「物語」のひとつにすぎないことがわかる。

たとえば「飛行機事故を二度も回避した」というエピソードが凄い。小池氏は1973年の5月と1976年に事故を起こす飛行機に乗る予定だったが、どちらも難を逃れたとメディアで何度か話している。自身の強運をアピールするつもりだったのだろう。しかし著者が調べたところ、1973年の5月にそのような事故は起きていないし、1976年の場合も小池氏の行動を追うとありえないという。ゾッとする。まさかウソを平気で言っていたの？

私が中学生の頃に『世界のプロレス』（テレビ東京）を観ていたら、ザ・ロード・ウォリアーズが「俺たちはスラム街でネズミを食って生きてきた」と叫んでいた。まさかと思いつつファンタジーにワクワクした。しかしどうだろう、小池氏の「飛行機事故を二度も回避した」というアピールはウォリアーズを超えているではないか。いくらなんでも盛り過ぎだ。

この話にはおまけがあって、小池氏は選

挙に出馬する際にキャスターを務めていたテレビ東京の幹部に「小池は飛行機事故で死んだものと思ってください」と挨拶をしたと述べている。なんという芝居がかったセリフだろう。しかし驚くのは次だ。元テレ東幹部は著者の取材に対し「僕は聞いてないし、社内でも聞いたことないな」。ああ、ここまでウソなのか。その「物語」にゾッとします。

政治家もプロレスラーも上昇志向や自己顕示欲が強いのはべつにいい。セルフプロデュースも大事だ。プロレスファンはそういう部分も愛してきた。しかし公人の政治家は自分を盛ってみせる必要はない。ウソとセルフプロデュースの差はデカいのである。

ここまで書いて、小池百合子の上昇志向や自己顕示欲に対抗できる人物をプロレス界でひとり思い出した。アントニオ猪木である。猪木さんならエネルギッシュさという面では小池に対抗できるのではないか。

そんなことを思って読み進めていたら、なんと猪木の名前がこちらのエピソードで出てきた。１９９０年の湾岸危機である。イラクはクウェートにいた日本人を含む外国人をイラクに連行して人質にした。あのとき、我らがアントニオ猪木議員（当時）は大活躍した。

《イラクと特別なルートを持つアントニオ猪木参議院議員もやってきた。》（『女帝 小池百合子』より）。

プロレスファンの誇りだった猪木。しかしこのとき、キャスターをしていた小池百合子もイラクに乗り込んできて派手に立ち回ったのである。自分には中東に人脈があり、人質交渉に携われると主張してテレビカメラを連れてきた。しかし外務省は「突然、押しかけてきて、勝手な行動をする小池」に苛立ったという。

《結果として人質になっていた日本人の一部が解放され、中曽根（元首相）とともに帰国できることになると、小池もこの飛行機に同乗した。》（同書より）

なんという押しの強さなのだろう。解放された人質と同じ飛行機に乗って日本に帰ることで、小池は「やってる感」アピールを大いにしたのだろう。そしてこれは正真正銘の飛行機エピソードなのである。なんだかよくわからないけど凄い。

このイラク人質解放を振り返ることは重要だ。猪木議員だって「俺が俺が」という気持ちはそりゃあっただろう。自己顕示欲があるのは当然だ。しかしあの猪木以上のガツガツした自己顕示欲や上昇志向を出す小池百合子にはため息でちゃう。

そういえば翌年に猪木は都知事選出馬を表明した（告示前に撤退）。「都知事選」というキーワードは小池だけでなく猪木も経験しているのだ。東京都知事選はタレント性や知名度が有効とされ、勝者はひとりという〝祭り〟である。猪木も小池もこの巨大なスポットライトに魅力を感じ、引き寄せられたという共通点は興味深い。巨大な業が集う場所なのだろうか。

さて、この本が話題になってから「小池都知事は『１９７６年に卒業』カイロ大学が声明」と報じられた。じつはこの展開は『女帝 小池百合子』を読めばむしろ予想通りなのである……。その意味は読めばわかる。とにかくゾッとする本だった。

ああ、それに比べて子どもの頃に見たプロレスラーの「物語」はよかったなぁ。

SF
Dunlop

スペシャルグラビア!!

長州力 vs 神聖かまってちゃん

撮影：橋本塁

GALLIEN-KRUEGER

言っとくけど、俺のベースはレスリングだよ。

Champion
GALLIEN-KRUEGER
Champion

GALLIEN-KRUEGER

夏の魔物 2020
TBS ラジオ主催
『夏の魔物 2020 in TOKYO』
2020 年 8 月 30 日 (日)
エスフォルタアリーナ八王子
http://natsunomamono.com/
Champion
Roland

夏の魔物2020

8月30日（日）にエスフォルタアリーナ八王子にて開催される
（やれんのか!?）『TBSラジオ主催 夏の魔物2020 in TOKYO』に
出演する長州力と神聖かまってちゃんが、
某日、都内スタジオでプロモーション用のフォトセッションをおこなった。
このページでは、その際の楽屋でのくだらない雑談を
いたずらに書き起こししてみた（かまってちゃんのドラムみさこは所用のため欠席）。

長州力
VS
神聖かまってちゃん

撮影：橋本塁
構成：井上崇宏

Champio

「なんでもあなたたちはインターネットをうまく駆使して世の中に出てきたとか？」（長州）

mono（Key） 長州さん、じつはボクもめちゃくちゃ滑舌が悪いんですよ。

長州 「ボクも」って言われても……。俺ね、これ見て。上の歯は全部インプラントなの。

の子（Vo, G） はい？ あっ、そうなんですか。

長州 あなたたちはボクのこと、知らないでしょう？

の子 しっ、知ってますよ！ プロレスはそんなに詳しくないんですけど、長州さんのことは当然知ってますよ。

長州 プロレスは観るもんじゃないからね。

の子 えっ、そうなんですか！ でも1回、生でプロレスを観たときは凄く元気づけられましたけど。

長州 それはウソだ。そんなことは絶対にない。元気づけた憶えがねえもん。

の子 いやいや……。長州さんは音楽で元気づけられることとかはありますか？

長州 ない！

の子 ない!?

長州 まあ、最近は近藤房之助さんの古いアルバムを聴いたりしていますけど。

の子 あっ、ボクらも近藤房之助さんとは縁がありまして、『踊るポンポコリン』でちょっとコラボをしたんですよ。

長州 おおっ、ホントに？（ニッコリ）。俺もね、あの人とは2～3回くらい会ってるね。そういえば、なんでもあなたたちはインターネットをうまく駆使して世の中に出てきたとか？

の子 一応そうですね。長州さんもいまツイッターやYouTubeを始められましたよね。

長州 じゃあ、俺も今日から音楽関係でいこうかな（笑）。

の子 「音楽関係でいこうかな」というのは、どういう……。

長州 ちょうどマッチからね、ベースをもらったんですよ。

mono マッチ……さんというのはどちらの方ですか？

長州 マッチはね、音楽好きの歯医者の先生。

の子 ボクらはいまちょうどベースがいないんですよ。

長州 だからなんだよ。エアでもいいの？

の子 エアで（笑）。そんなの全然いいに決まってるじゃないですか！

長州 木藤先生もギターをすげえ持ってるよ。

の子 木藤先生もいっぱい持ってるんですか？ 木藤先生って誰ですか……？

長州 俺の知り合い。病院の先生。医者って音楽好きが多いよね。

mono 長州さんのお知り合いにはお医者さんが多いんですね。

長州 こないだ木藤先生に初めて連れられて行ったんだけど、御茶ノ水のほうにギターを売ってるお店がたくさんあるじゃん。そのときに木藤先生が「えっ、それを買ったのか!?」って驚くぐらいの値段のするギターを買ってたね。

の子 まあ、高いのは高いですからね。

長州 安いのと何がどう違うのかって、材質みたいだね。

の子 あとはビンテージものとか、そういうのが高いですね。でもやっぱり音楽もプロレスと一緒で魂ですから。魂さえあれば、どんな楽器でもいい音が鳴ります。だから長州さんなら全然いけますよ！

長州 バカッ！ 何をとぼけたことを……。

（突然カメラマンの足に入っているタトゥー

に興味を示して）それ、痛くなかったの？

橋本塁　めっちゃ痛かったです（笑）。

長州　それじゃもうプールになんか入れないじゃん。

橋本塁　入れないですね。

長州　温泉も入れないじゃん。

橋本塁　ほぼ入れないですね。だから銭湯ばっか行ってますね。

長州　（目を見開いて）えっ、銭湯は入れるのか!?

橋本塁　サウナ施設やスーパー銭湯には行けないんですけど、銭湯は公衆浴場法で大丈夫なんですよ。なので全身に入っていらっしゃる方も多いですよ。

「ちょうどボクらはいまベースがいないんですよ。長州さん、一緒に演りますかっ！」（の子）

長州　俺もプールとかそういうところに入れるんだったら、背中にオバケのQ太郎でも入れてもいいかなと思うけどな。

の子　オバQですか（笑）。

長州　ど真ん中にでっかくオバQを入れて。

mono　逆にめちゃくちゃ怖いですね！（笑）。でもたしかにインパクトは凄いでしょうね。

長州　そういうね、くだらない話はもうやめて。くだらないから。

の子　自分から言っておいて……（笑）。

長州　最近テレビで毎晩のように心霊とかさ、やってるけどそんなのあるわけがない。

の子　長州さんはあまりおばけとか幽霊は信じないタイプですか？

長州　（聞かずに）あっ、おばけ屋敷でいちばん怖いのは富士急ハイランドだって言うよね！

の子　（聞かずに）じゃあ、いままで心霊現象とかそういう経験はいっさいないんですか？

長州　あ？　あるわけがない。でも昔はサイパンによく行ってたんだけど、泊まるコテージにお水とお塩だけは置いてたね。夜になると風で木の枝が窓に当たってさ、音がするんですよ。「えっ、なんだ!?　おばけか!?」みたいな。

の子　じゃあ、ちょっとは信じていらっしゃる？（笑）。

長州　（聞かずに）よく音楽のスタジオに出るとか言わない？

mono　よく言われますね。

の子　ライブハウスとかもそうみたいだと、関係者から聞いたりはしますね。

長州　録音したテープに声が入っていたとかね。

mono　ボクはおばけとか苦手なんて、最初っから信じていない長州さんがうらやましいです。

長州　俺のことがうらやましい？　バカッ、何をとぼけたことを……。

の子　『夏の魔物』で、長州さんはトークをやられるんですか？

長州　知らない。何も聞いてないから行く気もない。

mono　ええ～っ？

の子　また言いますけど、ちょうどボクらはいまベースがいないんですよ。

長州　エアでもいいの？

の子　だから、エアでもいいに決まってるじゃないですか、そんなもん！長州さん、一緒に演りますかっ！

長州　バカッ！　俺はその日、富士急ハイランドに行くことに決めてるんだから無理だよ。ウン。

第103回 2020年5月の日記

バッファロー吾郎A

バッファロー吾郎A/本名・木村明浩(きむら・あきひろ)1970年11月24日生まれ/お笑いコンビ『バッファロー吾郎』のツッコミ担当/2008年『キング・オブ・コント』優勝

コロナによる緊急事態宣言の影響で4月と5月は家でゴロゴロしていただけかと思いきや、日記を読み返してみると普段よりちゃんとした生活を送っていたことに驚いたと同時に複雑な気持ちになった。

今回は2020年5月の日記をココに掲載したい。メモ程度なので見直してみて「これはなんだ?」というモノもあるので補足説明的なモノも入れてみた。アラフィフおやじの日記など誰も興味がないと思うが、暇つぶしにご覧いただきたい。

5月5日　79・7キロ

『長州力を笑わせろ!』ABEMA生放送

【出演】長州力、平成ノブシコブシ吉村、バ吾A、リモート出演の皆さん。

いろんな芸人さんが主に自宅で撮影した動画を披露し、それを長州力さんが観て誰の動画がいちばんおもしろいかを決める番組。長州さんと吉村と私は、ハウススタジオの窓を全開にして距離を開けての撮影。

前半は長州さんが終始大笑いのなごやかなムード。しかし中盤で三又又三氏が登場した瞬間に空気が一変。現役時代にテレビで何度も観た〝怖い長州力〟を初めて体感。私と吉村は冷や汗が止まらなくなる。ゆりやん、次長課長河本、ノボせもんなべ、アンドレ・ザ・ジャイアントのおかげで最後は長州さんに笑顔が戻って安堵。

日付の下の数字はその日の朝に量った体重である。

5月7日　79・5キロ

日本充電音頭のPVが完成

自身初の作詞作曲『日本充電音頭』のPVを外出自粛期間中に作成した。私のYouTubeチャンネル『ばごえーマニア』で公開されているのでぜひ。

5月9日　79・2キロ

バ吾A・しずる村上・R藤本トークライブ～限定ライブ配信～『R藤本と語り合う』

3人がそれぞれ自宅からZoomを使ってトークする。ライブの内容は『ゲストにお笑いのことを真面目に聞く』がテーマ。ゲストは目の前にお客さんがいないので照れずに真面目に話すことができるし、お客さんはアーカイブが基本1週間残るのでいつでも観られるし、何より疑似お笑いライブ体験ができるので、思いのほか反響があって嬉しい。藤本の「キャラをお借りしている」という言葉が印象的だった。

5月10日　79・6キロ
YouTube『楽演チャンネル』にて
アドリブコント生配信
【出演】友近、ずん飯尾、ゆりやんレトリィバァ、バ吾A。

決まっているのは刑事の設定だけで全編アドリブで行われた。もの凄く緊張して、もの凄く汗をかいた。

5月13日　79・6キロ
NHKラジオ・らじるラボ
『スナックおとあそび』電話出演

ひょんなことからNHKラジオさんでほぼ月イチでレギュラー出演させていただくことになった。コロナの影響で電話出演。

5月17日　79・9キロ
バ吾A・しずる村上・小籔千豊
トークライブ～限定ライブ配信～
『小籔に新喜劇を聞く』

真面目に聞くシリーズの第4弾。小籔が吉本新喜劇への思いを真面目に語ってくれた。故・島木譲二さんの話に感動。

5月20日　79・9キロ
ドラマ『乾杯戦士アフターV』
リモート撮影
【出演】村井良大、加藤和樹、吉川友、ラバーガール飛永、バ吾A。

監督とメンバーがリモートで数年ぶりに集合。以前と変わらない空気が楽しかった。

5月21日　79・5キロ
桃太郎電鉄2010 戦国・維新のヒーロー大集合！の巻 100年プレー終了。

5月23日　79・8キロ
バ吾A・しずる村上・千鳥ノブトークライブ
～限定ライブ配信～『ノブに聞く』

真面目に聞くシリーズの第5弾にノブ登場。ノブとは付き合いが長いが、初めて聞く話がほとんどで刺激的な夜になった。

5月24日　79・9キロ
YouTube『楽演チャンネル』にて
アドリブコント生配信
【出演】友近、ハリセンボン春菜、シソンヌじろう、バ吾A。

今回も『初対面オンライン合コン』という設定だけで、あとはすべてアドリブ。途中で我慢できずに笑ってしまった。反省。

5月27日　80・0キロ
企画ナイト16・5リモート篇
（YouTubeライブ）
【出演】上田誠（ヨーロッパ企画）、**酒井善史、せきしろ、バ吾A。**

10年やっている長寿企画がリモートで。

姉さん、ボクの2020年5月はこんな感じでした。

HAPPY EVER AFTER.

待ってました、9年ぶり4度目の結婚！
カイル・アグオンとの交際秘話、フリーダムすぎる人生マインドを語る。

「正統派ではないから
賛否両論のなかを生きているけど、
とにかく自分が幸せだから。
本能のままに動いていないと
絶対にあとで後悔する。
そう考えたら
頭が爆発しそうになるんですよ。
『そんなの絶対に嫌だ！』って（笑）」

KRAZY BEE GUAM

山本美憂

収録日：2020年6月8日　写真提供：山本美憂
試合写真：©RIZIN FF　聞き手：井上崇宏

coffee slut
coffee slut

「書類を提出したのが4月末で、婚姻の式が5月31日ですね。その式の前にまさかのプロポーズがあって……」

――美憂さん、ご無沙汰しています！　お元気ですか？

美憂　元気でぇ〜〜す！

――なんか、ご機嫌じゃないですか。

美憂　いやいやいや、普通でぇ〜〜す！

――絶対普通ではないですよね（笑）。

美憂　普通！　平常！（笑）。

――今日はLINE電話にてよろしくお願いします。いま、世界中が新型コロナウイルスで大変なことになっていますけど、今年、美憂さんは2月にRIZINで日本に来られたあとはずっとグアムですよね？

美憂　そう。カイル（・アグオン）の試合で行って、そのあとはずっとこっちにいますね。グアムはちっちゃい島というのもあるし、けっこう対策を徹底していたので、意外と感染者数が少ないと言われていますけど。私が憶えているのが3月15日くらいにこっちで格闘技の大会があったんですけど、その翌日から学校とかお店なんかは全部閉鎖になったんですね。

――3月中旬ということは、日本よりも2週間以上動きが早かった感じですね。

美憂　そうかも。グアムで感染者が出たという時点で全部閉鎖になって、一時は「夜10時以降は出歩いたらダメ」とか凄く厳しくやっていましたね。レストランや飲むところも全部閉まっていて、しばらく経ってからレストランではテイクアウトを始めた感じ。マスクをしていないとお店にも入れないし、レジに並ぶのもソーシャルディスタンスっていうんですかね、距離を取って並ぶみたいな。そのへんは日本と同じだと思いますけど、たぶん日本よりもかなり厳しく制限していたんじゃないかな。

――もちろんジム（SPIKE22）も閉鎖していましたよね？

美憂　そうですね。SPIKE22だけじゃなく、フィットネスジムとかも全部閉まっていて、SPIKE22ではいつもチームで練習していますけど、「家族でやるように」って言われて個々で練習をするようになって。

――自宅や周辺で身体を動かす感じですね。カイルとはすでに一緒に住んでいたんですか？

美憂　いえ、家は別々のところに住んでいたんですけど、ちょうどコロナの最中にカイルの家の隣の家が空いたんですよ。同じ一軒家がふたつくっついて並んでいる感じの建物なんですけど、ひとつはカイルが借りていて、もうひとつのほうが空き家になったっていうので、アーセンの家族と一緒に隣に引っ越したんですよ。

――へぇー。

美憂　それで、部屋の壁の一部分をぶち抜いて家をひとつにつなげて（笑）。

――そんなことしていいんですか！（笑）。そこってふた部屋とも賃貸ですよね？

美憂　そうそう。だから大家さんから一応オッケーは取りましたよ。でも「ぶち抜くのはいいけど、あなたたちが出て行くときに直しなさいよ」って言われて（笑）。引越ししたのも3月の話だから、家でじっとしているときはひたすら荷ほどきとかをやっていましたね。

――3月の時点で「隣の家に引っ越すわ」っていうノリだと、結婚というのはまだ先という感じだったんですか？

美憂　いえ、ホントはもう結婚しようっていう感じにはなっていたんですよ。それでとりあえずアーセンの家族も含めてみんなで一緒に住もうってなったんですけど、それがコロナの影響で役所とかもみんな閉まっちゃったから「これ、結婚できないじゃん」みたいな（笑）。それで1カ月くらい待っていたら、役所も1日の来館人数制限みたいなのがありつつも再開したので、なんとか書類の手続きだけは終わらせて。だけど次の段階として、立会人として公的な資格を持っている人の前で誓いやサインをする婚姻の式みたいなことをやらなければいけなくて、それだけはまだできていなかったんですね。なぜかと言うと、人が集まっちゃったらいけないから。

――あー、そうですね。

美憂　その時点では一緒に住んでいる人以外との接触はダメで、親戚でも家族でも別々に住んでいたら会えなかったので、その式がずっと延び延びになっていたんですけど、そこから「10人までだったら集まってもいい」みたいな感じで緩くなったんですよ。それで「じゃあ、いまだ！」って結婚したんです。だから書類を提出したのが4月の終わりで、婚姻の式が5月31日ですね。それで式の前にまさかのプロポーズがあって……まあ、これはいっか（笑）。

「いくら計画を立てても、それとはまったく違う方向にばっか進んでいったりしてるから（笑）」

――よくないですよ（笑）。

美憂　あのー、だから式が残っていただけで書類はもう提出していたわけだから、婚姻が半分まで進んでいる状態じゃないですか。だから、それからプロポーズとかってないじゃないですか。

――順序としてはそうですね。

美憂　そうですよね。私はこれまでもちゃんとしたプロポーズをされたことがなかったんですけど、そのことはカイルも知っていたし、婚姻の書類を出した時点で内心、「ああ、やっぱり私はちゃんとしたプロポーズはされないんだな」と思ってあきらめていたんですね。そうしたら、まさかの。突然、カイルから「まだ結婚は全部終わっていないから」って言われて、海辺でサプライズのプロポーズがあった。

——やさしい男ですねえ！

美憂　練習がオフの日だったんですけど、「メディテーション（瞑想）をしよう」って言われて海に行ったんですね。そうしたら「打ち込みをしよう」って言ってきて、カイルのタックルを私が切ってバックを取り、次に私がタックルに入ろうとしたら、カイルが砂浜にヒザをついて手に指輪を持っていたっていう。

——ああ、いいですねえ。ちゃんとしたプロポーズをしてほしいという美憂さんの気持ちを察していたんでしょうね。

美憂　もう、なんなんですかねえ？（笑）。

——嬉しかったくせに（笑）。

美憂　嬉しかった（笑）

——アハハハハ。ちょっと話題を変えますけど、美憂さんはMMAに転向して以来、ずっとめざましい進化を遂げてきていたわけですけど、そこでこのコロナによる失われた時間というのは、どんなふうに捉えているんですか？

美憂　試合は当分ないだろうなと思った時点で、逆にチャンスだと思いましたね。

——チャンス。

美憂　MMAを始めてからずっと試合が続いていたので、試合に追われている時間ばかりを過ごしていたというか、決まった試合に向けての練習をずっとやっていたんですね。対戦する相手のことを想定しながら、「これをして、あれをして」って1個1個技術を身につけていく時間ばかりだったので、ファイターとしてしっかりとレベルアップを図っていく時間ってほとんどなかったんですよ。だから今回は「よし、これでいろいろ技術を身につけてレベルアップができるチャンスだ！」と思って。

——ようやくベースの強化を図れるという。

美憂　そうそう。ボクシングもそうだし、キックボクシングも、寝技も。だからじつはファイターとしてはちょっと嬉しかったですね。試合の対策を考えずに、どんどんいろんな好きなこと、やらなきゃいけないことがいっぱいできるから。

——完全にプラスと考えて過ごしているんですね。

美憂　そうです。だから焦りもないし、みんな同じ状況だし。そこで自分がどれだけレベルアップできるかの勝負だと思っています。

——この期間中、またさらに強くなれている実感はありますか？

美憂　ありますね。けっこういろいろ学びましたから。やっぱり、自分でいくらやりたいと思っていることがあっても、試合が決まっちゃうと、その試合の戦略に合わないものはどんどん省いていくしかないじゃないですか。だけど、いまは自分がずっとやりたかったボクシングとかをどんどんリクエストしてできているので凄く楽しいですね。

——美憂さんって、まったく終わりが見えないですね。

美憂　そうなんですよ、もう。いくら計画を立てても、それとはまったく違う方向にばっか進んでいったりしてるから（笑）。

——人生すべからく（笑）。

美憂　そう！（笑）。だからもう、目標は持つけど、あまり未来を決めつけないようにはしています。

——MMAに転向して、ほとんど試合に追われている時間を過ごしていながら、同時に恋愛も進化を遂げていたわけじゃないですか。

美憂　アッハッハッハ！　ぬかりないですよね（笑）。

——ぬかりないっていうのは、まさにこのことですよ（笑）。

美憂　そうなんです。恋愛は別腹（笑）。

「最初はお互いにそんなにビビッときていたわけじゃないと思うんですよ。ただ、仕掛けたのは私から」

——恋愛は別腹（笑）。美憂さんにとって、恋愛っていうのは、人生においてどれくらいのウェイトを占めているものなんですか？

美憂　今回はいままでとはまたちょっと違って、カイルは私のコーチじゃないですか。それでプライベートでもずっと一緒にいる時間が長いから、凄く安心できる感じなんですよね。恋愛もトレーニングも一緒になっているというか、練習に行っても会えるしっていう。今回はモロにそんな感じですね。

——馴れ初めはどんな感じだったんですか？

美憂　最初、2018年にノリ（山本〝KID〟徳郁）の闘病というか療養で、私も付き添いとしてグアムに来たじゃないですか。ノリは病気でもコーチングはできたりしていたから、沖縄に住んでいたときもそうだったように、私はとにかくノリについて行くことが暗黙の了解というか、当たり前のことだったので、それで家族も一緒に沖縄からグアムに引っ越したんですけど。そのとき、ウチの子どもたちも「ママやノリが行くところだから、みんなで一緒に移動する～」みたいな。それでグアムに来たら、ノリは治療にも集中しなければいけなかったので、「私はSPIKEに練習に行ってきまーす」っていう感じで。

——KIDさんとSPIKE22の付き合いも長いですからね。

美憂　私自身はそこまで知っている感じではなかったんですけど、ノリがずっと仲良くしていたメルカ（・マニブッセン）のチームだからってことで練習しに行ったら、いっぱいファイターたちがいて、1日目の練習を仕切っていたのがUFCに出ているフランク・カマチョだったことは憶えているんですよ。それで次の日にメルカが「美憂に試合までのヘッドコーチをつけなきゃいけないな」っていう話をしていて、そこでカイルが私のヘッドコーチになったんですよ。そのときは石岡（沙織）戦（2018年7月29日・『RIZIN11』）の3週間くらい前だったので、毎日試合に向けていろんなトレーニングメニューを考えてくれたのもカイルで。あとから聞いたら、カイルは特にメルカからは何も言われていなかったらしいんです。自分で私のコーチをやろうと思ったらしくて、ずっと一緒にトレーニングキャンプをしていて……うん、そんな感じですね。

――いやいや、肝心な部分が（笑）。

美憂　だから、そっから仲良くなりーの（笑）。

――仲良くなりーの（笑）。

美憂　恋愛関係になりーの、みたいな（笑）。

――自発的にコーチを名乗り出たっていうのは、最初はカイルのほうが美憂さんに気があった感じなんですかね？

美憂　いや、特には。普通にコーチでした。彼はレスリング出身だけど柔術も黒帯でグラップリングが得意だから、私が弱いグラップリングの部分を、レスリングがわかった上で教えられると思ったらしいんですよ。

――ああ、なるほど。

美憂　いや、私も1日目はそんなに気にしていなかったんですよ？　ただ、カイルを見たときに「この顔、なんかどっかで見たことがあるな……」とは思っていたんですよ。絶対にどっかで見たことがあるぞと。そうしたら、ジム（KRAZY BEE）にずっと貼ってあったパンクラスのポスターに載っていたのを見ていたんですよね。凄く忘れられない顔じゃないですか（笑）。

――そうですね。1回見たら忘れないですね（笑）。

美憂　ちょっとモヤイ像っぽい感じの（笑）。

――徳を積んでそうな顔です（笑）。

美憂　ずっとしばらく考えていて、「どこで見たんだっけなあ……。ああっ、ポスターの！」って気づいて（笑）。

――指名手配犯を見つけた感じですね（笑）。ってことは、美憂さんのほうはビビッとはきていない感じですよね。

美憂　きていないです。本人に聞いたことはないですけど、お互いにそんなビビッじゃないと思うんですよ。ただ、仕掛けたのは私から。

「合計したら13年くらいまったくレスリングをやっていない時期があるんです。そのぶん、意外と身体は壊れていない」

――おー、そこを聞きたいですよ！（笑）。その「仕掛けた」って言葉が怖いですよ。

美憂　アッハッハッハ！

――要するにグラウンドに引き込んだってことですか？（笑）。

美憂　そうそうそう。

――「そうそうそう」（笑）。

美憂　いや、そうじゃなくて！　そんな露骨な……そこまで私は動物じゃないし（笑）。

――いやいや、山本プロに仕掛けのテクニックを教えてほしいんですよ。

美憂　おい、山本プロって呼び方やめろ！（笑）。えー、テクニック？　なんだろ……。最初にちゃんと意思確認をしたのかな？　えー、あやふや。ちょっと待ってね、いま思い出すから。

――ゆっくり思い出してください。

美憂　だから、一緒に時間を過ごすようになっていくうちに「この人、凄くいい人」と思って、だんだんと気になっていって。でも最初は練習時間だけが一緒じゃないですか。それが1～2週間に1回、リカバリーの日というのがあって、ジムの近くにスパのあるホテルがあるんですね。水風呂とジャグジーとサウナがあって、SPIKEチームはリカバリーの日にそこに行くのが定番なんですけど。それで私もそこに行くことになったんですけど、水風呂とかジャグジーに入りながらずっとカイルと一緒に話しているうちにだんだんと「あっ、この人いいかも」みたいな。その日に一気に距離が近くなった感じでしたね。

――その距離はどこまで縮まったんですか？

美憂　なんでそこまで！（笑）。いや、さすがにファーストアクションでそこまではねぇ。いや、リカバリーをやったら最後はぐったりして早く寝たくなるんですよ。だから「じゃあ、いこっか！」なんてことにはならないから（笑）。だから付き合うって感じになったのは石岡戦が終わったくらいかな？　その前からお互いに気があるなっていうのはわかっていたんですけど、向こうから特に何かを言われたわけでもないし、私からもべつにそういうのはなかったんですよ。もう中学生とか高校生ではないので、「付き合いましょう」とかそういうのじゃなく、一緒にいる時間がどんどん増えていったって感じですね。

――月並みな質問なんですけど、美憂さんのなかに年齢とか年の差というような概念ってないですよね？

美憂　私はないですね。この歳でMMAをやっている時点ですでになくないですか？（笑）。MMAにしても、昔からずっと同じように、年齢を考えずに生きているからこその選択だと思うんですよね。

――でも美憂さんって、いろんな意味で一般の人よりも10倍

くらい濃密な人生を送っているわけじゃないですか。なのにまったく消耗していかないのが凄いですよね。

美憂　あー。いや、でも現役ってことで言うと7年間のブランクとかあるじゃないですか。たしか3年、3年、7年と合計したら13年くらいまったくレスリングをやっていない時期があるんですよ。そのぶん、意外と身体は壊れていないっていう。

——わりとインターバルが長く、リカバリーはできていたと。

美憂　そうそう。しっかり休んでいましたからね。

——しかし、また結婚するなんて思っていましたか？

美憂　思っていないです。だから今回の結婚の話が出たときも、「えーっ!? いやいや、そんな。私はいいよぉ……」って感じもありましたから。「おまえは優柔不断な男か！」みたいな（笑）。

——表に出ている情報としては「4度目の結婚」ですけど、その合間にも結婚には至らなかった恋愛というのが当然あるわけですよね。

美憂　はい、あります。「結婚はちょっと……」みたいな。

——そのときはどうして結婚する気持ちにはなれなかったんですか？

美憂　いままで「一生を共にする」と思って結婚して、それでも失敗して別れたっていうのが頭にあるので、「この相手はその不安を超える人間なのか？　いやいや……違う、違う」みたいな。今回のカイルのときも、最初は「今度失敗したらもう4度目だよ」とかいろいろ考えたけど、そこもまた基準なんですよ。一生一緒にいると思っていたけど、結局別れたっていう人たちを彼が超えるかと思ったら、「あっ、全然超えてるわ」と思って。「とにかく、この人とずっと一緒にいたい」って思ったので。

「まわりに迷惑をかけちゃっているのもわかるんですよ。でも私の人生もあるし……みたいな」

——そうなんですね。でも、これまでのことも美憂さんはあまり「失敗」だとは思っていないんじゃないですか？

美憂　まあまあ、失敗ではないかな。そのおかげで子どもたちがいるわけだし、それがあったからいまの自分があるっていうのもあるから。「そのとき、私はこの人と結婚したかったから結婚した」っていうそれだけのことなので。

——その連続ってことですよね。

美憂　そうですね。大人の階段を昇っているところなんです。

——まだ（笑）。本能のままにって言ったら動物っぽいですけど、自分に正直に生きているというか。

美憂　でも、ホントそうですよ。本能のままに動いていないと絶対に後悔すると思って。あとで後悔するってことを考えたら頭が爆発しそうになるんですよ。「そんなの絶対に嫌だー！」みたいな（笑）。

――その都度、行きたい国に行くし、行きたい環境に身を置くし。もう一貫してそうですよね。

美憂　そうですね。

――ボクも含めて多くの人間は、なかなかそういう動きができないものなんですけど。

美憂　そのかわり反感も多いですよ（笑）。

――そんなことないですよね。

美憂　「そんな、何も考えずに自由に動き回って……」みたいな（笑）。たしかに自分の直感でバーッと行きたいところに行ってっていう感じなので、ウチのジム（KRAZY BEE）にしろ、まわりに迷惑をかけちゃっているのもわかるんですよ。特にいまはノリがいなくなったから「なんでジムにいないんだ？」っていうのもあると思うんですけど、そこはなんだろう、「いやいや、私の人生もあるし……」みたいな。でも、なんだかんだで1カ月に1回は帰るようにしているし、最近はコロナがあって帰れていないんですけどね。

――あと、カイルはMMAファイターであり、じつは？

美憂　銀行員（笑）。

――銀行マンなんですよね。

美憂　バンク・オブ・グアムの銀行員です。しかも、けっこう上のポジションなんですよ。しばらくカスタマーサービスのチームを仕切っていた人なんですけど、去年、それからさらに昇進して、上の部署のトップになって。

――へえ～！　優秀なんですね。

美憂　だから私とは性格が全然違うんですよ。私は思ったことはなんでもすぐにパッとやるけど、カイルは常に「これは大丈夫か？」「あれは大丈夫か？」って慎重なんですよね。そこで「ほら、そうやってすぐに考えちゃう。やりたかったらすぐやればいいのに」って何も考えていない私が横から茶々を入れるっていう（笑）。性格は全然反対で。

――カイルって凄く寡黙なタイプですもんね。美憂さんと違って（笑）。

美憂　なんでも考えてからやるタイプ。でも、ふたりにも凄く似ているところがあって、私は忘れ物とか物を失くすっていうのが相当ひどいんですよ。携帯とか財布、クルマの鍵なんかしょっちゅう失くすんですけど、それはカイルも一緒なんですよ。私だったらわかるけど、どうしてあんなに真面目な人がすぐに物を失くしたりするんだろうって（笑）。

――でも、銀行でそれだけ活躍してるってことは学生時代から優秀な人だったんでしょうね。

美憂　そうでしょうね。あとは『COFFEE SLUT』の経営でしょ。

――カフェはメルカとの共同経営ですか？

美憂　メルカとカイル、あともうひとりジャスティン・クルーズの3人が経営者で。あとクロスフィットジムの共同経営者でもあるし。

――やり手だ！（笑）。

美憂　いまだに何個の会社を共同経営しているのか、細かいところまでは全然わかっていないんですよ。そのへんはべつにどうでもいいか、みたいな（笑）。

――逆の見方をしたら、バリバリの銀行マンが、柔術やMMAでもあれだけやれているってことですよね。

美憂　でも、銀行もけっこう上のポジションになると昼休みで1～2時間は出られるんですよ。だから昼もみんなと一緒に練習をして、17時に勤務が終わってからもまた練習してっていう1日2回練習ができているので。普通の朝から晩まで仕事でっていうのとはまたちょっと違うんですよね。そこはよかったかなって。

> **「幸せじゃないこともあったからこそ、いまの自分がある。やっぱり自分は幸せなんだなと思います」**

――そういうタイプの人と付き合うのは初めてなんじゃないですか？

美憂　でも、カイルって凄く一緒にいて楽しいっていうか、おもしろいんですよ。日本にも試合とかで一緒に行きますけど、試合前に私が体重を落とさなければいけないとき、かならずみんなで原宿とかを歩き回りに行くんですね。そこでいろんなお店に入ってみたり、とにかく一緒に旅するのが楽しい人なんです。私はできれば旅とかは家族だけ、自分だけのほうがいいタイプなんですけど、初めて「あっ、この人といろんなところに一緒に行きたい」って思えた人かな。だから日本の遠征に行くのもひとつの楽しみみたいな。幸せ（笑）。

――いいっ！　さすが山本プロですね（笑）。

美憂　だから、なんのプロ（笑）。

――幸せを掴みとるプロですよ。やっぱりアマチュアの人とは感覚がちょっと違うぞっていう自覚はありますよね？

美憂　アマチュアって誰？（笑）。

――まあ、一般の方々です（笑）。

美憂　まあ、なんとなく違うなっていうのはわかります。はい（笑）。ホントに賛否両論のなかを生きているけど、自分が幸せだし、家族もそばにいてくれるし。

――だから否なんてないでしょう。誰にも迷惑かけていないんですから。

美憂　どうなんでしょうね。なんか「そんな好き勝手生きて」っていう意見もよく聞きますよ（笑）。

——半径5メートルくらいの人たちは振り回されたりすることもあるかもしれないですけど、そういう人たちの話ですか？

美憂　いや、なんだろう。私はインターネットとかってまったく見ないんですよ。だから自分が何を言われてるのかわからないんですけど、たぶん見たらショックで泣きそうになるんじゃないかっていう。だから「絶対に見るもんか！」みたいな（笑）。そういう自分に対する世間の声っていうのがよくわかっていないんですけど、だいたい想像はつくというか、まあ、正統派ではないじゃないですか。

——正統派ではない（笑）。

美憂　だから賛否両論みたいなことは絶対にあると思う。まあでも、幸せだから（笑）。

——幸せって無敵ですね（笑）。

美憂　ただ、母親と弟という大切な人をふたり失ったときだけは絶対に幸せじゃなかったと思うけど、それ以外は幸せですから。試合に負けたりとか、予選で負けてオリンピックに出られなかったりとか、そういうこともあったけど、それがあったからこそいまの自分がある。どう考えてもそういうふうになっていると思うので、やっぱり自分は幸せなんだなと思います。

——あと美憂さん、事前にお調べしました。これまでの結婚期間はどうやら4年、4年、5年です（笑）。

美憂　そうそう。だいたいオリンピックと同じスパンなんですよね（笑）。

——離婚をするときっていうのは、どういう状態になっているときなんですか？

美憂　以前と同じ状態ではないというか、「愛しているかな？」って考えたときに「なんか違う……」と。「この先、この人との将来を考えられるかな？」って考えたときに「考えられない……」ってなったときですね。そこで「何か違う」ということを話し合って、みたいな。

——それは相手の嫌いな部分が見えてくるんですか？

美憂　いえ、たぶん私がいけないんですよね。自分がまた別の方向を見始めて、そこに進もうとしちゃったときに気持ちにも変化が起こるというか。その人は関係なく、自分ひとりでそこに向かいたい、みたいな。そうやってすぐに我が道を行っちゃうから、やっぱりわがままなんですよ。そこについていけなくなっていろいろと問題が起きて、「じゃあ、一緒にいないほうがいいね」ってなる感じかなあ。

——恋愛自体というよりも、オリンピック再挑戦とかの目標ができたときに気持ちに変化が生じると。

美憂　それに最初は自分でも気づかないんですよ。だけど、だんだんケンカとかをしたり、「なんかおかしいな？」って

RIZIN
ISAMI
FIGHT
CAULIFLOWER
CULTURE

なってきたときに意識が同じじゃない、一緒の方向に向いていないことに気づいて、私はその時点で判断を下しちゃうんですよね。「何年か我慢して、ここを乗り越えたらまた同じ意識になれるかも」とか、そういう手段もあったと思うんですけど、そこが辛抱強くないっていうんですかね。パッと切り替わっちゃうみたいな。

「次の試合が決まってリングに上がるときは、またさらに進化した山本美憂を見てもらいたいです」

――美憂さん個人がどんどんアップデートされていく。

美憂　うまく言えば（笑）。

――それで同じ道を一緒に歩んで行くつもりだったけど、美憂さんの行きたい方向がどんどん変わっていくっていう（笑）。

美憂　自分でも計画外、計画外、予想外の展開ばっかりですよ。

――人生って計画外、予想外の展開ばっかりだから、そこで悩む人って多いと思うんですけどね。

美憂　それは人それぞれの性格だと思うんですよ。そこで辛抱した人は辛抱したなりに絶対にいま何かを得ているじゃないですか。私の場合は我慢ができなくて、すぐにほかの道を選んじゃうけど、私もそれがあるからいまがあるし。やっぱりそれぞれが選択したその先には、理由や結果があるんですよ。

――いまはMMAとカイルに生きる女ですか？

美憂　MMAと新たな旦那様、そして家族ですね。

――MMAファイター・山本美憂としても完全にフィットしているのがカイルってことですね。

美憂　そうですね。

――こんなことを言うのはホントに申し訳ないですけど、いつかMMAを辞めるってなったとき、またオリンピック的なことが起きたりはしませんか？

美憂　アッハッハッハ！　いや、じつは私もその話は自分からしたんですよ。「もし、私が引退したとき、いまみたいなコーチとかの関係ではなくなるから、どうなるのか。それが怖い」って。そうしたら「それは変わらないよ」って普通に言ってましたね。

――山本プロも、その不安は口にしていたんですね（笑）。

美憂　そう。そこで「それは変わらないよ」って言われたときに凄く安心した。彼も31なので、いずれ現役を辞めると思うから、「そのときにまたふたりでいっぱいいろんなことをしようね」みたいな。もともとあった趣味もそうだし、出会ってからお互いにどんどんやっていこうって思っている趣味もあるから、この先も楽しみです。いまでも練習以外のときにふたりで何かをやっている時間って多いんですよ。レスリングの試合のビデオをずっと一緒に観ていたりとか、映画をひたすら観たりとか。トレーニングといっても1日のうち2時間が2～3セットくらいだから、そこがなくなってもふたりでやることはきっとあるな、みたいな。

——しかし、これだけ自由奔放に生きてきた美憂さんが、カイルがもしMMAを引退したら、ただのエリート銀行員の妻になるっていうのがちょっとムカつきますけどね（笑）。

美憂　アッハッハッハ！　実際そうなんだけど、彼はそんな感じをまるで見せないし、そうなったとしても私自身はあまり変わっていなさそうですよ。だからレスリングのコーチは私のほうがやっているんですけど、そこで彼が中途半端だと「もういいよ。銀行に戻れば？」みたいなことも言っちゃうし（笑）。

——銀行に戻れ（笑）。

美憂　そこはむしろネタにしちゃっているから。「もう、お金を数えてこい！」って言うと「俺はその係じゃない！　いっさいお金にはタッチしていない！」って反抗してくるんですよね（笑）。

——カイルの生真面目さがうかがえる、いい返しですね（笑）。

美憂　でもカイルもちょっと負けが続いているのでがんばってほしいですね。私もそうですけど、本人が辞めたいと思わないかぎりは、負けたとしても絶対に収穫はあるし、強くなっているから。

——あと、これは余談なんですけど、以前、妹の聖子さんの元旦那さんに、美憂さんの元旦那さんを紹介されたことがあったんですよ。「えっ、なんだ、この状況!?」と思ってしまいまして（笑）。

美憂　アハハハハ！　そこ、凄く仲がいいんですよ（笑）。私も仲良くしています。離婚はしたけど友達というか、子どもたちのお父さんであることに変わりはないので。もし、私たちが仲悪かったら子どもたちもかわいそうだし、だから彼は今回の結婚のことも凄く喜んでくれていて、自分のインスタにもあげてくれていましたから。

——もう、いろんなことで驚かされっぱなしですよ（笑）。早くコロナが収束して、またリングで暴れまわる美憂さんの姿に驚かされたいですね。

美憂　ねえ。毎日毎日、自分がトレーニングできていることに喜びを得つつ、試合が決まったらそこに向かっていき、そして強くなった状態でまたリングに戻っていきたいです。毎回、自分が進化していると言ってくれるみんなの声が凄くうれしいし、自分でもまだまだ伸びしろがいっぱいあると思うので、次の試合が決まってリングに上がるときは、またさらに進化した山本美憂を見てもらいたいですね。

——楽しみにしています。美憂さん、あらためてこのたびはおめでとうございました！

美憂　ありがとうございま～す！

山本美憂（やまもと・みゆう）
1974年8月4日生まれ、神奈川県出身。総合格闘家。
父・山本郁榮により小学生の頃からレスリングの英才教育を施され、13歳で全日本女子選手権優勝、17歳で世界選手権に史上最年少で優勝する。弟・山本"KID"徳郁、妹・山本聖子とともに一家の悲願であるオリンピック出場を目指して幾度となく挑戦をしたが、2016年8月1日、リオ五輪出場がかなわなかったことを機に総合格闘技RIZINへの参戦を表明。2016年9月25日、42歳にしてRENAを相手に総合デビュー。現在10戦6勝4敗。4連勝後にハム・ソヒとの次期RIZIN女子アトム級王座挑戦者決定戦では敗れたが、2019年12月31日『RIZIN.20』ではアム・ザ・ロケットから完勝をおさめ、止まらない進化ぶりを見せつけている。2020年5月31日、同じグアムを拠点とする総合格闘家カイル・アグオンと結婚した。

鈴木みのるのふたり言

第84回

個性

構成・堀江ガンツ

鈴木　今日は俺のほうが『ふたり言』で語るテーマを考えてきたんだよ。ガンツはべつに考えてきていないでしょ？（笑）。

――いえいえ、何をおっしゃいますやら。ちゃんと聞きたいことはあるんですけど、非常にデリケートなことなので、そのテーマでいいかどうか相談しようと思って来たんですよ。

鈴木　いや、何を聞こうとしているか、だいたい想像はつくけど、一切語らないって決めてるんで。だから、今日は俺が考えてきたテーマでしゃべらせてもらうから。

――承知しました。で、なんでしょうか？

鈴木　いま、コロナで試合ができないなか、いろいろ考えることが多いんだけど、そのなかで「個性」というものについて自分の中でひとつの答えが出たんだよね。

――個性というと、どんなことですか？

鈴木　たとえば、レスラーで「もっと個性を出せ」って言われると、みんなは自分の個性を出すために飛び技を勉強したりとか、オリジナルのスープレックスをできるようにしたりとか、髪の毛を伸ばして違うルックスにしたり、いろんなことをやるじゃん。

――コスチュームを変えたり、見た目や動きで差別化を図ろうとしますよね。

鈴木　昔からよく「足し算のプロレス」「引き算のプロレス」と言われるけど、みんな足し算で個性を出そうとしてるんだよ。でも、俺は自分のプロレスを引き算だと思っていて、個性というものも、足し算で出すもんじゃないんじゃないかって、あるときにふと気づいたんだよね。

――個性は付け足して作るものではないと。

鈴木　人を育てるとき、勉強や習い事、格闘技なんかでも、いいところを伸ばしてあげようとするし、ウイークポイントを埋めようとするでしょ。

――苦手をなくしていこうっていう。

鈴木　でもその結果、ある程度はなんでもできる平均的な人が増えて、「無個性の時代」って言われるようになったわけじゃん。人間ってプラスとマイナスの部分があるけど、ことプロレスに関しては、プラスの部分ってほとんどあとから付け足せることなんじゃないかなって。筋肉を付けるとか、技を磨くとか、スタミナをアップするとか、あとはもちろん見た目もそうだよね。でも、そうじゃなくて一見すればマイナスって言われるところ、何があっても変わらないところがある。ウチで言えば松本浩代は頑固だとか、俺だったらめんどくさがりやだとか、それって一見すればマイナスな部分じゃん。

――身体的に言えば、背が低いとか変えられないものもありますよね。

鈴木　でも、じつはそれこそが個性なんじゃないかと思い始めてね。一見、マイナスに思われる部分って凄く長い時間をかけて、30歳の人だったら30年かけてできあがった凸凹じゃん。だからその溝を埋めたり、目立たなくすることはできるかもしれないけど、根本的には変わることはない。でも上に飛び出た部分は、あとからがんばって付けたものが多いから、形は変わっていく。だから個性というのは、じつは全員にちゃんとあるもので、それは変えることのできないマイナスな部分じゃないかなって気づき始めたんだよ。持って生まれたものや、長い時間かかってできあがった凸凹の部分。

――それは自分にとってはコンプレックスだったりもするわけですよね。

鈴木　人によってはね。でも、それを隠したりするんじゃなくて、そのままでいいというか、できないことを強みにしたほうがいいんじゃないかっていう結論に自分のなかで達したんだよ。それこそが個性だと。

――猪木さんなんかにしても、若い頃はあのアゴがもの凄いコンプレックスだったらしいですけど、プロレスラー・アントニオ猪木としては、最大の個性であり、キャラクターになりましたもんね。

鈴木　だからプロの世界、プロレスラーみたいな人間こそ、変えることのできない自分の凸凹な部分を受け入れて、向き合って、それを強みにする必要がある。俺自身、根本にある自分のマイナスの意味での個性というのは絶対に変えられないと気づいてしまって。それをさらけ出しているからこそ、鈴木みのるはこの業界でずっと、ほかに代わりがいないレスラーになれているのかなって。

――普通、自分がマイナスと思っている部分は見せないようにしますよね。隠したり、なるべく言われないようにしたり。

鈴木　もちろん、俺も人に迷惑をかけるようなところは覆い隠したり、表に出さないようにはしているけど、根本的な部分で変わらない自分というものに向き合っているし。実際、14～15歳のプロレスラーを目指したときの気持ちと変わっていない部分を持っているので。それこそが「自分自身」なんじゃないかなって、真面目に考えていたら気づいたんだよね。

――「自分探し」ってよく言いますけど、「あっ、これが自分じゃん」と（笑）。

鈴木　だから人の好き嫌いとか、合う合わないっていうのがあるのは、これはもうしょうがないのかなって。男と女の部分もそうかもしれないし。

――誰かを好きになったときの理由とか、自分でもよくわからないですもんね。

鈴木　その好きになった理由がさ、たとえば高学歴、高収入とか、さっき言った付け足したプラス部分だと、本当の意味でその人を好きになったんじゃないんじゃないかと思うよ。ましてや、結婚して赤の他人がパートナーになったら、マイナスの部分も含めて好きになるというか、受け入れられなきゃ一緒に暮らしていくのは難しくなる。親子の愛情なんて特にそう。子どもって生まれたとき、夜中にギャーギャー泣いてうるせえし、ひとりで何もできないし、クソも垂らすし、普通に考えたら嫌なことしかしないじゃん。でも、それも込みで愛せるっていうことが愛なんじゃないかなって、どっかの歌の歌詞みたいなことを考えてみたりね（笑）。

――いまは時間があるから、ついついそんなことを考えてしまうわけですね（笑）。

鈴木　この3カ月、時間だけはたくさんあるし、人ともほとんど会わないからね（笑）。だから、いろんなことを考えている時間が長くて、その答えみたいなものをトイレでパッとひらめいたり、前回話したように夢に出てきたり。そんななかで、マイナス部分を埋めないというようなことを、昔からやっていたなってことにも気づいたんだよ。パンクラスの道場が、横浜と東京に分かれたのって20何年前？

――たしか1997年だから、23年前ですかね。

鈴木　じゃあ、その時点でだいたい気づいてたんだなって。総合格闘技ってその当時から「不得意な部分を埋めてなるべくマイナスをなくすようにしないと勝てない」と言われていた。つまりアベレージを上げなきゃいけないってことで、それも事実ではあるんだろうけど、俺は「平均的になんでもできる選手の何がおもしろいんだ」っていう発想を当時から持っていたんだよね。「0か100のヤツのほうがおもしろいに決まってんじゃん」って。一発当たればKOできるとか、組んだらアホみたいに強いとか、穴があってもそういう選手のほうがおもしろいって。

――もの凄い強みがある選手のほうが人気がありましたよね。

鈴木　プラスの部分って、飛び抜けないと個性にならないんだよ。若手レスラーはよく空中殺法とかやりたがるけど、いまはウィル・オスプレイみたいな選手がいるんだから、やるならあれぐらいクルクル回らないと「すげえ！」ってならない。それより、みんな個性になる部分を持っているんだから、それをさらけ出したほうがおもしろいのになって思うんだけどね。

――橋本真也さんなんか、べつに見た目がカッコいいわけじゃないし、マイナス要素がたくさんあるけど、いまだに多くのファンに愛されていますもんね。

鈴木　うん。あの人はマイナス部分しかないんじゃないかなっていうくらいにメチャクチャな人だったけど、そこを愛されたっていうのは、やっぱりさらけ出したからだよね。人から見てダメって思われるけど、パーソナルな部分、個性が誰よりも出ていたから、あそこまでになったというのはあるんじゃないかな。俺だっていろんな技を出すわけじゃないのに、世界中のファンに「鈴木みのるはほかの誰にもない個性がある」って言われるのは、いまは俺ぐらいさらけ出しているヤツがいないからじゃないかな。

――あと鈴木さんの年齢も一見マイナス要素になりそうなのに、ある意味でプラスになっていますよね。

鈴木　俺が同じような年齢とキャリアがあ

る人間と違う場所にいられるのは、トップに立つ人間がやるべきことを、当たり前のように続けているっていうのが大きいかな。トレーニングにしても何にしても、まず年齢を言い訳にするような疑問を持たない。今年に入ってからいろんな人に言われたよ。「50過ぎたんだから、もういいだろ」「まだ欲があるの？」とかね。同世代くらいの人間からはほぼ100パーセントでそう言われる。「まだそんな節制した食事してるの？」「歳とったら年相応の生き方があるじゃん。そろそろ指導のほうに行ったら？」とかさ。嫌だよ。「若い人に道を譲ってさ」とも言われるけど、なんで道を譲らなきゃいけないの？って。

——ズバリ言って、余計なお世話という。

鈴木　組織の中にいれば、年齢によってそういう役割を引き受ける必要もあるのかもしれないけど。俺がそうなったら、その時点で俺としての価値がなくなり、それはイコール、職がないってことになってしまうんで。なんか、続けることが悪みたいに受け取られてる部分もあるんだよね。それってひどくない？

——そうですね（笑）。

鈴木　ある年齢を超えてから、若い頃と同じように、またはそれ以上にがんばろうとすると、自分のごく身近な人間がそれを邪魔しようとしたりするんだよ。

——「一緒に降りようぜ！」みたいな感じになるんですかね（笑）。

鈴木　降りようぜじゃなくて、その年齢なりの場所にいることで心地いい世界をみんなが作ってるわけだ。でも俺だけ上に行かれちゃったら、バランスが崩れて、居心地のいい空間でなくなっちゃう。だから足を引っ張るんだろうね。

——そういう同調圧力みたいなのがあるんですね。

鈴木　俺はもっと上にいきたいし、その自信もある。今度、マイク・タイソンが現役復帰するんでしょ？　AEWで絡んだりとかして。

——そういう話は出ていますね。AEWではすでにリングに上がって絡み始めて。

鈴木　そんなのを見てさ、これが実現したら夢があるなーと思ったのは、マイク・タイソンvs鈴木みのるの異種格闘技戦。

——おーっ、それはいいですね！

鈴木　夢があるよね。俺は「昔、格闘技やってた」とか元UFCファイター、PRIDEファイターとか、昔の肩書きで出ていくわけじゃない。いまも世界的な知名度を誇るマイク・タイソンと、いまの俺のプロレス界での世界的な知名度が合わさったら、いろんなものが動くぞ、とかね。

——こんなカードが実現したら大騒ぎになりますよ。

鈴木　もし仮にそういう話が来たときのためにも、コンディションをちゃんと作っておかなきゃいけないなと思ってね（笑）。そんなアホなことを考えながら毎日トレーニングをやってるよ。夢があるよね？

——ありますよね。アメリカだったら実現可能かもしれない。

鈴木　でっかいスタジアムでやったってお客は入ると思うよ。いまは観客を入れられないなら、PPVだって売れるんじゃないかと思うし。そんな妄想ができるのも、俺には自信も意欲もあるから。「タイソンと闘う」なんて、ガキみたいな夢かもしれないけど、そういう子どもみたいな夢を持ったまま、これからも生きていこうっていうのが、今日の結論です。ご静聴ありがとうございました（笑）。

SLIDING HARDCORE NUMBER

誇り高きプロフェッショナルの塊は、
スーパーフライでどこまでも飛んでいく！

「もう47歳になって
27年間くらいプロレスを
やっていますけど、
これからがまた勝負、
チャレンジだと思っています。
みんな歳をとって
練習をしなくなるから
衰えるのであって、
厳しい練習を続けていれば
衰えないんですよ」

プロレスリング ZERO1

田中将斗

収録日：2020年6月8日　撮影：タイコウクニヨシ
試合写真：平工幸雄　聞き手：堀江ガンツ

DI
SEL

「プロレスが好きになるきっかけはタイガーマスクですね。マンガの『キン肉マン』も好き、趣味はキンケシ集め」

——じつはボク、田中さんとは学年がひとつ違いの同い年なんですよ。

田中　そうなんですか。昭和48年生まれ？

——そうです。そして『KAMINOGE』編集長の井上（崇宏）さんは47年の早生まれで。横にいるカメラマンのタイコウさんは田中さんと同学年なんです（笑）。

田中　みんな、ほぼ一緒じゃないですか（笑）。

——なので読者層もボクらと同年代がけっこう多いんですけど、いまもバリバリの第一線で闘い続ける田中選手の活躍は、我々にとっても励みになるなと。

田中　ありがとうございます。

——つい最近は、DDTで青木真也選手とも初対決しましたよね？

田中　まさか対戦するとは自分も思っていませんでしたけどね。ボクはDREAMとか観に行ってたんで、青木さんの入場曲も好きなんですよ。『バカサバイバー』を青木さんの入場で知って、ウルフルズさんを聴くようになったくらいなんで（笑）。

——実際に異次元対決をやってみてどうでしたか？

田中　あの試合は（青木が「いつでもどこでも挑戦権」を行使して）急きょ決まったんですよ。でも、あれがもし事前に「青木真也とのタイトルマッチが決まりました」って言われていたら、その瞬間から試合までの間は恐怖だったと思います（笑）。

——心の準備ができないままやってよかった（笑）。

田中　だって総合の試合で、相手の腕をバキッと折ったりしたこともあったじゃないですか。

——DREAM vs戦極の対抗戦で、廣田瑞人選手の腕をアームロックで脱臼させた〝腕折り事件〟がありましたね（笑）。

田中　そういう怖さを感じる前にできたのは、逆によかったかなと。グラウンド技術なんて、ホンモノとニセモノぐらい違うなと感じましたしね。

——それは試合後のコメントでも言ってましたけど、田中さんの口から自分がニセモノかのような言葉が出るとは驚きでしたよ。

田中　いや、やっぱりことグラウンドに関しては、そこまで差があるんだなと肌で感じたので、凄くいい経験になりましたよ。青木選手も総合流の関節技にコブラツイストや卍固めを絡めてきたり、プロレスに対するリスペクトみたいなものを感じることができたし。

——青木選手は「プロレスってこんな感じでいいんでしょ」みたいなスタンスじゃなく、自分の持っている技術をプロレスに活かしていましたよね。

田中　見よう見まねで空中殺法をやったりとかじゃなく、自分の技術を主にしてプロレス技を混ぜながらやってきたので「ああ、この人はプロレスをリスペクトしてくれているな」というのは凄く感じました。

——スタイルは全然違いますけど、初期ZERO-ONEの『真撃』でやったジェラルド・ゴルドー戦をちょっと思い出しましたよ。

田中　たしかに、あのときのゴルドー戦みたいな怖さはありましたね。あの頃は「田中将斗はFMW出身でも、デスマッチだけじゃなくてレスリングもできるんだぞ」という意識で全日本（プロレス）さんにも上がったりしましたけど、ZERO-ONEはいきなりジェラルド・ゴルドーだったんで、「この人たちは俺に何を求めてるんだろ?」っていう疑問と、「怖いのを当てやがって」という気持ちがあったんですけど、やってみて自分としては凄くおもしろかったですね。

——緊張感がありつつ、あのゴルドーにスイングDDTを決めたりして、めちゃくちゃ盛り上がりましたよね。

田中　こっちは内心ビビってましたけど（笑）。でも試合が終わったあと、ゴルドーさんからお付きの人を通じて「凄くいい試合ができた。ありがとう」って言葉をもらえて。ボクはだいぶ打撃でやられましたけど、お客さんも沸いてくれたし、ゴルドーさんが喜んでくれたのならよかったなって。あと、あの試合を観て、橋本真也さんがボクのことを認めてくれたらしいんですよ。

——そうなんですか!

田中　ボクが最初に上がったときは、橋本さんはボクのことをあまり知らなかったらしいんで。

——ZERO-ONE旗揚げしたばかりの頃は、インディーの選手に対する知識がなかったんですね。

田中　それがゴルドー戦を観て、ボクの評価が上がったっていうのはちょっと聞きましたね。

——ちゃんとターニングポイントになっているんですね。では今回、あらためて田中さんのレスラー人生について聞いていきたいと思ってるのですが。ボクらの世代だと当然、子どもの頃に（初代）タイガーマスクを見たのがきっかけですか?

田中　もちろん、プロレスが好きになるきっかけはタイガーマスクですね。タイガーマスクが好きで、マンガの『キン肉マン』も好き、趣味はキンケシ集め、みたいな（笑）。

——当時は日本全国の小学生が同じことをしてましたよね（笑）。では、どちらかというと新日ファンだったんですか?

田中　もともとは新日本ですね。タイガーマスクから入って、猪木さん、藤波さん、ハルク・ホーガンとかが大好きで。でも全日本でもテリー（・ファンク）さんは大好きだったり。

——ちょうど一度目の引退前で、もの凄い人気でしたもんね。ボクもテリー・ファンクが大好きでした。

田中　あとはスタン・ハンセン、ブルーザー・ブロディ、ロード・ウォリアーズもいて、外国人選手だとやっぱり全日本さんが観たかったですね。ウォリアーズには本当にハマりましたから。

——『世界のプロレス』とか『プロレス・スターウォーズ』なんかの影響もあって（笑）。

田中　そうそう。ネズミを食ったり、タバスコをガンガン飲んだりして、「すげえ！」と思って（笑）。

「FMW信者だったので、雑誌にFMWの新人募集記事が載るのを待って、チャンスを見計らっていました」

——素晴らしい時代でしたよね（笑）。そんなプロレス少年が、実際にプロレスラーになろうと思ったのはいつ頃からですか？

田中　中学3年くらいのとき、「卒業したらプロレスラーになりたい」と思ったんですよ。でもスポーツ歴は柔道をちょっとかじったくらいで実績があったわけじゃないし、親に言ったら「とりあえず高校に行って、部活動で厳しい練習や上下関係を知ってからでもいいんじゃないか」と言われて。それで高校に進学して3年間部活でラグビーをやったら、高校卒業後、ラグビーで就職することになったんですよ。

——それは3年間で気持ちが変わったんですか？

田中　いや、そのときもプロレスラーになりたいとは思っていたんですけど、当時はいまほどプロレス団体がないし、東京に出なければプロレスラーになれなかったので、和歌山からあまり出たことがない人間にとっては、現実味がなかったんですね。それで高校の先生の勧めもあって、ウチは母子家庭なので「すぐに働いて、お金を稼げるようになったほうがいいんじゃないか」ということで、ラグビーで獲ってくれる会社に入ったんですよ。

——住友金属に入られたんですよね。

田中　そうですね。当時、ラグビーはA～Cリーグがあったんですけど、ボクらの会社はリーグ外だったんですよ。で、リーグ外で優勝したんですけど、年に一度のCリーグ最下位との入れ替え戦では負けてしまって。「またもう1年、リーグ外でやらなきゃいけないのか」と思ったら、ボクも19歳になっていましたし、プロレスラーになるなら早めにチャレンジしなきゃいけないと思うようになったんですね。

——昔は、20歳以上の新弟子をなかなか取ってもらえませんでしたもんね。

田中　それで入れ替え戦で負けてすぐ、会社に「辞めます」と伝えて。辞めさせてくれないみたいな押し問答もあったたんですけど、結局は1～2カ月後に円満退社できて。そこからは魚市場で働きつつ、昼間はトレーニングジムに通いながら、プロレス雑誌にFMWの「新人募集」記事が載るのを待って、チャンスを見計らっていましたね。ボクはその頃、もうFMW信者だったんで。

――新日ファンだったのが、いつの間にかFMW信者になってたんですか（笑）。

田中　まったく正反対なんですけど、高校時代に地元・和歌山の体育館にFMWが来たときに観に行って、ハマっちゃったんですよ。ちょうど大仁田さんとターザン後藤さんが初めて電流爆破をやった直後ぐらいだったんですけど。

――じゃあ、FMWが旗揚げしてまだ1年経っていない頃ですね。

田中　だから生で観るまでは、たいして期待もしてなかったんですけどね。ボクはタイガーマスク世代なんで、あの頃って新日のタイガーと全日の大仁田さんが、同じジュニア王者として比べられていたじゃないですか。

――「空飛ぶタイガーマスク、地を這う大仁田厚」とか揶揄されてましたよね（笑）。

田中　だから全然ファンでもなかったんですけど、地元に来たから一応観に行ってみたら、新日本とかと違って、お客さんがホントに数えるほどしかいないんですよ。

――FMWは東京では人気が出始めてましたけど、地方にはまだ全然届いてなかったんですね。

田中　そんな数えるくらいしか観客がいないなか、ストリートファイトデスマッチで、客席にまでなだれ込んで、ボクの目の前で血だらけになって闘っている姿を観て、「なんだこのプロレスは!?」って衝撃を受けましてね。

――昔の新日や全日の地方興行は、〝顔見せ〟的な意味合いもありましたけど、いつ潰れてもおかしくないインディーのFMWは、少ないお客の中でも必死にやってたんですね。

田中　あれを観てからは、いつの間にか大仁田派になっちゃって。そのインパクトが強かったから「プロレスラーになるならFMW」っていう気持ちになったんですよ。だから会社を辞めてからも、FMW以外に入ることは考えていなかったですね。

――当時インディーは、新日、全日に入れなかった人の受け皿みたいな感じもありましたけど、田中さんは最初からFMW一本だったんですね。

田中　履歴書を出したのもFMWだけでしたけど、入門はできましたね。まあ、FMWは入門テスト自体がなかったんですけど（笑）。

――ないんですか（笑）。

田中　ボクは雑誌を通じて、新日本さんの入門テストの内容とかをある程度知っていたので、スクワット何千回とかできる

ように準備して行ったんですけど、FMWは入門テストがなかったんで、「えーっ⁉」と思って（笑）。

——面接だけだったんですか？

田中　ボクよりあとの世代は入門テストがあったんですけど、当時はそんな感じですね。ターザン後藤さんと話をして。ボクは身長をちょっとサバ読んでたんで、そこは指摘されましたけど。「とりあえず、いまは新弟子がほぼいないから雑用係として採るけど、甘い世界じゃないから。練習についてこられなかったらすぐ切るからな」って言われて。「今回、おまえと同時期に入るヤツは身長185センチ、体重100キロ以上ある凄いヤツだから、おまえはがんばらないとすぐ置いていかれるよ」って言われて、「わかりました。よろしくお願いします！」って入れてもらったんですけど。

——ホントにそんな大型新人がいたんですか？

田中　はい。それが五所川原吾作（GOSAKU）だったんですけど（笑）。

——ああ！　たしかにサイズ的には〝大型新人〟で間違ってはいないですね（笑）。

田中　最初に見たときは「うわっ、でけーな！」って思ったんですけど、練習が始まってみたら、ボクは入門テストがあると思って準備していたんで全然できたんですけど、吾作はできなくて。「よかった〜。こんなデカいやつが体力まであったら太刀打ちできないかもしれないけど、俺のほうが全然できるわ」と思って、ちょっと安堵しましたね（笑）。

「最初はデビュー戦はミスター珍さんとやるはずだったので、練習でやられたことがないことをやられると思ってナーバスだったんですよ（笑）」

——FMWの練習は、やはり全日本流なんですか？

田中　後藤さんに指導してもらったのでおそらくそうですね。昔の根性論かもしれないけど、そういうのを経験してるから、いまも残れているのかなっていう気持ちはあります。だから練習がキツいのは耐えられたんですけど、いちばんキツかったのはお酒ですね。

——まだ「レスラーは大酒飲んでなんぼ」みたいな時代ですもんね。

田中　そうなんですよ。だから新弟子の頃は夜に飲まされて、吐いて、「芸をやれ」って言われたら一発芸みたいなのをやらされて、ゲロまみれになりながら寝て、次の日にまた合同練習に参加みたいな。ボクはお酒が飲めなかったので、それが本当にキツかった。

——先輩のミスター雁之助さんがひどかったらしいですね（笑）。

田中　雁之助さんはホントにひどかった（笑）。あの人はレスリングもちゃんとできるし、いろいろ教えてもらった部分もあるので感謝はしていますけど、お酒の席では「コイツ、いつか殺そう……」って思ってましたね。いまは思ってませんけど（笑）。

――要は、雁之助さんとハヤブサさんの同級生コンビが、学生プロレスの悪ノリみたいなのをFMWの飲みの席にも持ち込んでいたという（笑）。

田中　その悪ノリがキツかったんです（笑）。ハヤブサさんは自分で率先して芸をやって、後輩には「これよりもおもしろいものをやってみろ」みたいな感じだったんで、まだよかったんですけど。雁之助さんは最初から「やれ！」って感じで来るので。

――ハヤブサさんがのちに、新生FMWで肛門爆破マッチっていう、尻の穴で爆竹を爆発させるのをやってましたけど。あれって当時の宴会芸から生まれたって本当なんですか？（笑）。

田中　そうですよ！　あれ、昔からやってましたから。肛門爆破って、いまはDDTさんなんかでもやって、ネタとして認知されていますけど。ボクは新生FMWで肛門爆破マッチとかやり始めたとき、「もう辞めよう」と思いましたから（笑）。

――田中さんのFMW離脱の遠因にもなってましたか（笑）。

田中　いまはいろんなプロレスがあっていいというか、ボクもだいぶ柔軟になりましたけど。あの頃はFMWが本当に大好きだったので、そういう路線が許せなくて、最終的には辞めちゃったんですけどね。

――新弟子時代の宴会ですら嫌だったのが、それをリング上でやっているわけですもんね。田中さんは新人時代は大仁田さんの付き人でしたけど、いかがでしたか？

田中　ボクは付きやすかったですね。これが後藤さんだったら、シャワー室に入ったら1時間くらい出てこなくて、その間、付き人の黒田（哲広）はボディソープを持って、外でずっと待っていなきゃいけなかったんですけど。大仁田さんはシャワーも自分で勝手に入って、ボクが外で待機しなくてもよかったんで。

――シャワーひとつでも、大仁田さんと後藤さんは全然違ったんですね。

田中　後藤さんはもの凄く綺麗好きで、シャワー1回でボディソープ1本なくなるくらいでしたから。その点、大仁田さんは朝起こすのが大変なくらいでけっこうラクでしたね。あと、大仁田さんはお酒を飲まないんで、付き人になってからは飲みの席に行かずに済んだんですよ。これが後藤さんに付いて毎回飲まされていたら、練習は付いていけても、お酒でプロレスを辞めていたかもしれないですね。

――そこも人生の分かれ道だったんですね。やはりFMWは大仁田派、後藤派に分かれている感じだったんですか？

田中　そうですね。雁之助、黒田、吾作なんかが後藤派で。

ボクは大仁田さんに「おまえは俺と後藤のどっちが好きなんだ?」って聞かれたりもしましたよ(笑)。

——大仁田さんはそういうのを気にする人だって言われてますよね(笑)。

田中 そういうところはありましたね。人からどう見られているとか。あと、ちょっとヤキモチ焼きなところがあったり。

——FMW担当記者がW☆INGも取材したら嫉妬する、みたいな話も聞いたことがありますよ。

田中 あー、それはたぶんあると思いますね。ボクはずっと大仁田派だったから、そんなに言われたことはないですけど。

——田中さんは、デビュー戦の相手が当時60歳のミスター珍さんになりそうだったんですよね?

田中 実際、最初はミスター珍さんで発表されていたんですよ。普通、新弟子のデビューなんて事前に発表されないものですけど、その頃はミスター珍さんが話題になっていたので、事前に発表された珍さんのカードの中にボクの名前も入っていて。でも、ボクは珍さんが江崎さん(ハヤブサ)や中川(浩二=GOEMON)さんと試合しているのを観ているじゃないですか。「これはボクがいつも習ってることがまったく通用しないんじゃないか……」って思ったりしましたね(笑)。

——下駄で殴られたりするわけですからね(笑)。

田中 下駄で殴られたり、ゴムパッチンされたり、普段の練習でやられたことがないようなことをやられるデビュー戦だなと思って、ちょっとナーバスだったんですよ(笑)。

——60歳で人工透析している第1級身体障害者相手に全力でいくわけにもいかないし(笑)。

田中 でも、「組まれたカードに文句を言っちゃいけない」っていうのが後藤さんからの教えだったし。デビューできるのはうれしかったんで、なんとかやってみようと思ったんですけど、その巡業中たまたまサンボ浅子さんが欠場して、急きょ珍さんとやるはずだった数日前にデビュー戦をやることになったんですよ。相手がリッキー・フジさんだったんで、ホッとしましたね(笑)。

「新生FMWのファンは、ハヤブサさんやボクらががんばっている姿について来た人たちだったんで、大仁田さんに話題がいくのはおもしろくなかったんだと思う」

——あやうく、のちのちまで残る田中将斗プロフィールの冒頭に「ミスター珍戦でデビュー」と載るところでしたね(笑)。その後、珍さんとも試合したんですか?

田中 はい。そのあと珍さんとは何回かやって、けっこう「名勝負」と呼ばれたりしたんですけど、ボクの数カ月後に吾作がデビューして珍さんと試合をやったら、珍さんが吾作を大好きになっちゃいましたね。そこからボクは当たらなくなりましたね（笑）。

――吾作さんの路線もデビュー早々に決定してしまったというか（笑）。

田中　もう名前からして〝そっち〟でしたからね。最初に「五所川原吾作」って名前になったときに「あっ、コイツはトップにいけねえな」って思っちゃいましたもん（笑）。

――リングネームは後藤さんが付けたんですか？

田中　後藤さんですね。たぶんボクは大仁田さんの付き人だったので名前をいじられなかったんですけど、雁之助さんも後藤さんが付けたんだと思いますから。まあ、雁之助さんはああいう名前でも実力があるから上に行けましたけど。

――あれも芦屋雁之助にちょっと似てるってだけで、雁之助にさせられたわけですもんね（笑）。

田中　そうですよね。せっかくデビューできたと思ったら、その名前でやっていかなきゃいけないってなったとき、本田（雁之助）さんはどう思っていたんでしょうね（笑）。

――もともと後藤さんも、若手時代に佐藤昭雄さんから「おまえは顔がかわいすぎる」って言われて、髭をはやして派手なワンショルダータイツを穿かされて、「ターザン後藤」に改名させられたんですよね。

田中　でも、ターザン後藤っていうイメージ通りですよね。

――イメチェン大成功ですよね。ホントは童顔なのに。

田中　客前以外では凄い笑いますしね。モノマネ番組が大好きで、いつもバス移動のときにゲラゲラ笑って観てましたから（笑）。

――そうだったんですか（笑）。ファンの前ではしかめっ面の怖いイメージでしたけど。

田中　やっぱりオンオフの切り替えが凄いですよ。大仁田さんのほうはプライベートでもそのままですけど。

――そのFMWツートップだった大仁田さんと後藤さんは、大仁田さんの引退前はもう話もしないような感じだったんですか？

田中　まあ、もともと基本は別行動だったんですけど、後藤さんが大仁田さんの引退前になって、急にFMWを辞めた理由はわからないですね。後藤さん本人も「墓の中まで持っていく」みたいなことを言ってるし。

――以前、松永光弘さんに聞いたら「大仁田さんが後藤さんを切ろうとしていて、それを察知した後藤さんが自分から辞めた」って言ってましたけどね。

田中　どうなんでしょうね。順番から言えば、大仁田さんが引退したあとはナンバー2の後藤さんがトップなんでしょうけど、大仁田さんはハヤブサさんを後継者に考えていて、そこに反発があったのか。それはわかんないですね。

――後藤さんが辞めたとき、田中さんはどう思いましたか?

田中　大仁田さんの引退試合も決まっているなかだったんで、「なんで普通に引退させてあげずに辞めてしまうんだろう」と思って、ボクはあのとき泣いたんですよ。でも、結果的に後藤さんがいなくなったことで、新生FMWはハマブサさんとボクがツートップみたいな形になって、それによっていまのボクがあるので。結果論としては、辞めてもらってよかったんですけどね。

――大仁田さんの引退後、新生FMWとしてがんばってきてファンも付いてきたのに、その大仁田さんがわずか1年半で復帰してきちゃったことに対しては、元付き人として複雑以上の感情でしたか?

田中　もちろん、「せっかく新生でがんばっていたのに」っていうのはありますし、いま思えば「来ないでほしかったな」っていうのはありますけど、あの当時は「大仁田厚が作った団体だからしょうがないのかな」っていう気持ちもありましたね。

――一代で築き上げたカリスマ創業者ですもんね。

田中　だから、おそらく新生で社長になった荒井(昌一)さんも、「大仁田さんに言われたら仕方がない」っていう感じだったと思います。

――猪木さんが引退後、新日本の現場に介入してきたときの状況と似てるかもしれませんね。

田中　結局、猪木さんは新日本を離れて、大仁田さんもそのあとFMWからいなくなりましたから、結果的によく似た感じになりましたよね。

――大仁田さんは最初、「ミスター・ポーゴ引退試合に出るため」という大義名分でワンマッチ限定復帰ということだったんで、その試合は盛り上がりましたけど。その後も継続参戦すると、新生FMWのファンに拒絶されるようになったんですよね。

田中　そうなんですよ。新生のファンっていうのは、ハヤブサさんがケガしながらでも飛び続ける姿を応援していた人たちだし、ボクと金村（キンタロー）さんの試合や、松永さんがデスマッチでがんばっている姿について来たファンだったんで。大仁田さんが出れば地方のプロモーターは喜びますけど、逆に新生を応援してくれたファンの人たちからしたら、そっちに話題がいくのはおもしろくなかったんでしょう。

「ボク自身は新生のスタイルが好きだったから、エンタメ路線は間違っていると思ったので辞めることにしたんです」

――そこは大仁田さんも誤算だったでしょうね。自分の信者だと思っていたFMWのファンに拒絶されたんで。それで大仁田さんはヘソを曲げたようにヒールをやりだして。

田中　（ヒールユニットの）ZENとかですよね。

――団体を盛り上げるためじゃなく、新生FMWやそのファンに対する嫌がらせみたいなヒール転向で（笑）。

田中　赤フン兄弟とかやりだして、あのへんになるとボクも記憶から消したいような感じになってたんで。

――ありましたね～、赤フン兄弟（笑）。

田中　あれはブリーフ一丁のブリーフブラザーズ（金村キンタロー、ミスター雁之助、邪道、外道、非道）が凄い人気だったんで、大仁田さんも赤フン兄弟として二番煎じでブレイクしてやろうっていうのがあったんですけど、ボクは失敗だと思います。

――失敗ですよね。ボクは完全に忘れてましたから（笑）。

田中　ボクも最初は、せっかくライバルとしてやってきた金村さんの姿を見て「何をブリーフ穿いてリングに上がってんねん」って思ったんですけど、お客さんが喜んでるから認めたんですよ。でもその後、大仁田さんが赤フンで出てきたときは、さすがに「何してんの！」って思いましたよ（笑）。

――さすがの大仁田厚も迷走していたんですよね（笑）。

田中　まあ、ポーゴさんの引退試合は盛り上がったんで、あれ1試合で終わっていたら、ブーイングを食らうこともなかったんでしょうけどね。

――おそらく、あのポーゴ引退試合のときの歓声で勘違いしちゃったんでしょうね。大仁田さん自身、いまはそれに気づいていると思うんですよ。なぜかっていうと、以前インタビューしたとき、「長州は復帰戦で俺と電流爆破マッチをやって横浜アリーナが超満員になったのを、自分の人気だと勘違いしてWJを作って失敗したんだ」って言ってて。それって大仁田さんが、駒沢のポーゴ引退試合を自分の人気と勘違いしたのと一緒じゃないかっていう（笑）。

田中　まさに同じ話ですよね（笑）。そんなことを言ってたんですか？

――はい。長州さんの話を聞いたらそんなことを話していて、「あれ？」と思って「それは大仁田さんご自身が経験したことじゃないですか？」って（笑）。

田中　まんまですね（笑）。

――WJを先取りしていたのがZENだったっていう（笑）。でも、新生のファンに嫌われてFMWを離脱したことで、新しい大仁田厚として活躍するようになったんだから、さすがですよね。

田中　新日本という、日本でいちばんの団体にひとりで乗り込んでいったわけですからね。

――それで大仁田さんがいなくなってから、完全に冬木体制になるわけですよね。

田中　ボクは会社の中に入っていなかったんで、冬木さんの体制にどこからなったのか知らないんですよ。ボクが海外（ECW）に行って帰ってきたぐらいから、だんだんエンタメ路線になってきて。その前には大仁田さんが入ってきて、また離れて。プラスマイナスで言えば、ボクはファンが減ったと思うんですよ。

――ハヤブサさん、田中さん、金村さんが試合内容で魅せていた初期の新生FMWはコアなファンがかなりいましたけど、エンタメ路線になってから、そういう熱いファンがいなくなった気がしますよね。

田中　もちろんエンタメ路線でファン層が広がった部分もあると思いますけど、ディレクTVが撤退してからは、演出面もこじんまりとしたものに変わってきて、客入りも落ちていくという。

――エンタメ路線はお金がかかるから、ディレクTVの撤退は決定打になってしまいましたよね。

田中　ボク自身は新生のスタイルが好きだったので、エンタメ時代も自分の試合で沸かせながら、我慢しながら続けていた感じだったんですけど。それでもだんだん違う方向に行ってしまったので辞めることにしたんですけどね。一応辞める前には荒井さんとちゃんと話をして、「この路線は間違ってませんか？」って聞いたんですよ。そうしたら「間違ってないです。

非常口
EXIT

この路線でいきます」って言われたので、それだったらしょうがないですよね。

——荒井社長はそこまで頑なだったんですね。

田中　ボクは一応エースとは言われてましたけど、ハヤブサさんとは全然違うし、当時はキャリアもなかったし。そこで突っ張って意見を通すっていうこともまだできなかったので、そのまま辞めちゃったんですけどね。

——エンタメ路線の後期は、後楽園が毎回ネタマッチみたいになってましたもんね。お化け屋敷みたいなのをやったり、セットにお金がかけられなくなったら、周富輝さんが作った熱々の点心が凶器になるクッキングマッチとか（笑）。

田中　もうさびしかったですよね。一見さんはおもしろいと思ったかもしれないですけど、ああいうのが続いて、ＦＭＷをずっと応援してくれていたファンが離れていってしまったと思うんで。

「川崎球場でボクがグラジエーターとやった試合をポール・ヘイマンが観ていてECWに呼んでくれたんです」

——後楽園は毎回のように、ハヤブサさんがひどい目に遭って終わるような感じでしたしね。

田中　だって、リング上でおしっこをかけられるシーンとかありましたからね。

——荒井社長が冬木さんたちに囲まれて、ニセのおしっこを浴びるという（笑）。

田中　あれを見て、「俺が好きだったＦＭＷはここにはもうない……」ってさすがに思いましたもん（笑）。いつかそれを変えたいという思いもあったんですけど、変わらなかったんで、辞めるしかなかった。

——田中さんがＥＣＷに行ってる間に変わってしまった感じもありましたか？

田中　そうですね。ボクがＥＣＷに行ってるとき、荒井さんが『翼をください』を後楽園のリング上で歌ってたんですよね。週プロを見て「なんだこれは⁉」と思って（笑）。でも荒井さんが亡くなったとき、いろんなところで使われたあのときの写真を見たら、いい写真だなと思いましたね。

——『翼をください』の歌詞から何から、その後を暗示しているようでもありましたけどね……。

田中　本当に荒井さんは残念ですね。ボクが辞める挨拶に行ったときも、「気持ちが変わったら、田中選手はいつでも戻ってきてくれていいんだからね」って言ってくれたんですよ。「ありがとうございます。でもボクは辞めたら戻らないと思います」と言って、会ったのはそれが最後になりましたけど。じつは辞めた2カ月後くらいに電話がかかってきて、「Ｘが見つからないから、Xで出てくれない?」って言われたんですけど（笑）。

――いくらなんでも早すぎるでしょっていう（笑）。でも、FMWはけっこう所帯も大きかったから、最後のほうはやればやるほど借金が膨らむ一方だったんでしょうね。

田中　みんなも（ファイトマネーは）そんなに安くなかったですからね。聞いた話だと、新生になって爆破マッチをやったとき、所属だったボクは3万円だったんですけど、金村さんはたぶん100万くらいもらってるんですよ。

――えーっ!?　1試合で100万ですか!

田中　もしかしたら50万だったかもしれないけど、3万のボクからしたらとんでもない額だったんですよ。だから、もともとFMWにいた人間はそんなに上がってないですけど、よそから引き抜きみたいな感じで呼んだ人たちのギャラは凄かったらしいんです。もう天と地ですよ（笑）。

――冬木軍の人たちも、メジャー並みに払っていたとされるWAR時代がベースでしょうしね。

田中　それで外国人もけっこう呼んでいたし、大仁田さんが出たら1試合でけっこうなものでしょう。だから大変だったと思いますよ。

――それは採算が合わないですよね。

田中　当時、ボクにキャリアがあって、荒井さんにちゃんと口がきけていたら「それはやめましょう」って絶対に言ってますね。あの頃は言える立場ではなかったですけど。

――横浜アリーナでやったとき（1999年11月23日）は、あの超大物ショーン・マイケルズを呼んだりしてましたし（笑）。

田中　あのときはレイヴェン、トミー・ドリーマーといった、ECWの面々も来てましたからね。

――あのFMWとECWの協力関係は、田中さんが向こうに遠征して本格的に始まったものだと思いますけど、もともとアメプロはあまり好きじゃなかったんですよね?

田中　好きじゃなかったですね。それがECWに行って変わったというか。もし、あのときECWに行ってなかったら、ボクは海外のプロレスに興味がないままだったかもしれない。

――当時はアメリカの試合がリアルタイムで観られる環境じゃなかったし、週プロとか『ゴング』を見ると、エンタメ度合いがかなり強く感じましたもんね。

田中　キャラ先行って感じに見えましたからね。だからボクは食わず嫌いな部分もあったんですよ。いまはWWEを観ても「おもしろいな」と思うし、試合のクオリティも高いし、参考になる部分もいっぱいありますけど、当時はちょっと毛嫌いしていましたね。

――じゃあ、ECWから話が来たときも、「ビッグオファーが来た」っていう感じではなかった?

田中　なかったですね。もともとはFMWの川崎球場

（1997年9月28日）でボクがグラジエーターとやった試合をポール・ヘイマン（ECW代表）が観ていて呼んでくれたんですけど、当初はボクと金村さんがECWのPPVで試合をする予定だったんですよ。

――田中さんがピンで呼ばれたんじゃなく、新生FMWの名物カードがパッケージで呼ばれたんですね。

田中　そうしたら金村さんのビザが下りなかったか何かで、ボクがひとりで行くことになって。ボクの対戦カードは当日まで知らなかったんですよ。会場で日本人の記者さんに「ボクの相手、誰なんですかね？」って聞いたら、「まだ決まってないみたい」って言われて「もうすぐ試合なのに……」と思って。

――大事なPPVなのにそんな状態なんですか（笑）。

田中　それで直前になって、相手がダグ・ファーナスだって知らされたんですけど、ひどい試合になってしまって。なので「もう二度と呼ばれないだろうな」と思ったら、その後、長期遠征の話をもらったので「これは汚名返上する機会だから行くしかない」と思って行ったんです。そうしたらポール・ヘイマンが、「この前はマッチメイクのミスだった」って言ってきて。「いや、しょっぱい試合をしたのはボクなので、ボクが悪いんです」って言ったら、「いやいや、あれは私のミスだった」って言ってくれて。

「プロに徹してやれば、こんなに完成度の高いエンターテインメントの興行ができるんだなっていうのをハッスルで味わいました」

――ポール・ヘイマンもマッチメイクのプロだからこそ、自分の非を認めたんでしょうね。

田中　それで「今日の相手のボールズ・マホーニーは、おまえの魅力を存分に出せる相手だし、向こうも壊れないけどおまえも壊れないだろう。だから思い切ってどんなことでもやってくれ。そのかわり向こうも来るぞ。覚悟しておいてくれ」みたいな感じで言われたんですね。で、実際にボクがやれば向こうもやり返すみたいな試合になって、ECWアリーナのお客さんの反応も凄かったんですよ。そのとき、「アメリカって、いい試合をやればこれだけ反応が返ってくるんだ！」ってちょっとカルチャーショックを受けて、「アメリカすげえじゃん！」って思ったんですよね。

――後楽園以上の盛り上がりみたいな。

田中　後楽園も凄いんですけど、ECWアリーナのお客さんはもう完全にできあがってるんですよ。それをリング上で味わえて、そこから半年間、テレビマッチやPPVにも出させてもらって。そこで名前が売れたことが、いまのボクにつながっていると思います。あれがなかったら数年後、WWEが『E

CWワンナイト・スタンド』をやったとき、そこに呼ばれることはなかったでしょうし。だから、あのECWの経験が自分にとっては凄く大きかったですね。

——「田中将斗」の名が世界に知られるようになったわけですもんね。単身渡米して、向こうで成功したことがフリーになってからの自信にもなったんじゃないですか？

田中 そうですね。いろんな団体に呼ばれるのは、まず実力がなければいけないし、自信がないと上がっていけないので。海外に行くと、ほぼ毎日違う相手で、何をやってくるかわからないし、もの凄いパワーだけでくる選手なんかもいるので。そういう経験があるから、どこのリングにも平気で上がれるのかなと思いますね。

——フリーになって1年で、橋本真也と両国で一騎打ちをやったときも、そういう経験が活きたんじゃないですか。

田中 そうですよ。ZERO-ONE1周年記念のダブルメインの相手にしてくれたのは、橋本真也がボクを買ってくれたからだと思うし。大谷晋二郎の存在も大きかったですけど、橋本さんとシングルでやれたからこそ、ZERO-ONE入団を決めたというのがあるので。

——田中選手から見て、橋本さんはどんな方でしたか？

田中 ホントにあの人は豪快でしたね。「これぞプロレスラー」って感じで。ボクがZERO-ONEに入団する前とか、よく麻布の游玄亭に連れて行ってくれたんですよ。べつに特別な会ではなく普通の食事なんですけど、会計を見たら10何万って書いてあって。「えっ、これで10何万!?」みたいな。しかも何回も連れて行ってくれるんで、メジャーな人ってお金の使い方が凄いなと思って。どれだけ稼いでるのよっていう（笑）。

——普通の食事みたいな感覚でそういう額を払っていたと（笑）。

田中 あとは、しゃぶしゃぶをたらふく食ったあと、ホテルに帰る途中に焼肉屋さんがあれば、そこにも寄って焼肉を食うとか。

——しゃぶしゃぶから焼肉へのハシゴ（笑）。

田中 「なにこれ!?」と思って。腹一杯しゃぶしゃぶを食ってから1時間も経ってないんですよ？　あれだけ食ったしゃぶしゃぶ、どこにいっちゃったのっていう（笑）。「豪快やなあ」「メジャーな人はこんな金銭感覚？」と思って。でも、そんな金銭感覚をしているから、橋本さん時代のZERO-ONEがちょっとああいうふうになっちゃったんでしょうね（笑）。

——道場からほど近い、竹芝のインターコンチのスイートルームになぜか住んでいたり（笑）。

田中 「ちょっと、お金の使い方を間違っていませんか？」「もうちょっと会社の経費を節約してくれれば、選手のギャラも上げられるのに」とか思ったこともありましたけどね。だけどメジャーのトップの人ですから、インディーで育ったボクらとは金銭感覚もやっぱり違うし、「プロレス界のトップになったらこういう生活ができるんだよ」っていうのを見せてくれる人でしたね。

――そういうトップが集まっていた、ハッスルはどうでした？

田中　ハッスルは凄かったですよ。ホントにFMWが進化したエンターテインメントみたいな感じがしましたね。「髙田（延彦）さんがこんなことまでやるの!?」って、同じレスラーとしてもすげえと思ったし。あと芸能人で出ていたHGさんやインリンさんも。インリンさんはインリン様になりきっていたし、HGは会場を盛り上げつつ試合も凄かったし、RGはおもしろいし。プロに徹してやれば、こんなに完成度の高いエンターテインメントの興行ができるんだなっていうのをハッスルで味わいましたね。

――みんながプロフェッショナルだったわけですね。

田中　そうですね。だからボクらはボクらで、「ハードコアチームはちゃんと試合で盛り上げてくれ」っていうのがあったんで、そこはもうしっかりとやらせてもらいました。

――その頃には、エンターテインメントへの偏見もなくなっていた感じですか？

田中　もう、まったくなかったですね。それは、みんながプロとしてしっかりとした仕事をしていたからですよ。マスクを被ってキャラクターをやる人は、そのキャラクターを凄く勉強していたし。第1試合からメインまで、みんなが自分の役割を理解して、それを果たそうとしていましたから。そして最後は、髙田さんが出てくることで会場が爆発するじゃないですか。ボクらもそれに負けないくらいの試合をしてやろうって思ってたので。

――ただ残念ながら、いいところまでいったハッスルも、メインスポンサーが外れてからは一気にダメになってしまいましたよね。

田中　やっぱりエンターテインメントはお金がかかるんですよね。

――そう考えると、あれを世界最大規模でずっと続けているWWEは凄いですよね。

田中　もう規模が違いますからね。やっぱり世界一の団体であるし、そこを目指して行く人がいるのもわかりますよね。夢のある世界だなと思います。

「鈴木みのるさんとか杉浦貴さんもまったく衰えず絶好調なんで、ボクも『落ちてなるものか！』って思う」

――田中選手はその後、2000年代末から2010年代始めには新日本にも頻繁に上がって。隆盛を誇るいまの新日本の基礎を作ったメンバーのひとりという感じですよね。

田中　もともとZERO-ONEと新日本の対抗戦から始まって、そのあとボクがひとりで出ることになるんですけど。対抗戦をやっていた頃って「新日本って、これだけしかお客さんが入ってないの!?」っていうときがけっこうあったんですよ。博多2連戦で対抗戦をやったときも、スターレーンがガラガラで。でもボクが個人で出るようになった頃から徐々に増えていって、ブシロードさんの体制に変わってからはどこも満員になるような感じでしたから、その復活ぶりに驚きましたね。プロレス界ってダメになったら、そこから復活する例って少ないじゃないですか?

――そうですね。それこそFMWも含めて、落ち始めたら歯止めが効かなくなりますよね。

田中　だから新日本のあの復活劇は、みんなに希望を与えたと思いますよ。いまでは信じられないほど入ってませんでしたからね。それがあそこまでになったのは棚橋（弘至）くんをはじめとした選手ががんばったからだろうし、スタッフやみんなの力があったからでしょうね。

――そんななかで、田中選手は毎回のようにハードな試合をしていましたよね。

田中　やっぱりよそから来た選手は1試合1試合が勝負だし、ECWに初めて出たときもそうでしたけど、他団体で下手な試合をしたら二度と呼んでもらえないっていう危機感を持ってやってましたからね。

――IWGPインターコンチや、NEVERのベルトは、田中選手たちの激闘によって定着した感がありますよね。正直、どっちの王座も新設されたばかりの頃は「このベルト、なんの意味があるの?」みたいな感じもあったじゃないですか（笑）。

田中　たしかに最初は「インターコンチってなに?」ってなりましたからね（笑）。NEVERなんかも、初代王者決定トーナメントのときは「このメンバーの中にボクを入れるの? それなら獲っちゃうよ」と思いましたからね。

――NEVERの最初は特に、新日本の若手選手やインディー団体からのトライアウトみたいな選手ばかりでしたもんね。その中に実績十分の田中選手もなぜか入っていて。

田中　いま見ると、カール・アンダーソンとか石井ちゃん（石井智宏）なんかもいて、凄いメンバーと言っていいかもしれないですけど、当時の感覚としては違いましたもんね。

――髙橋ヒロム選手やKUSHIDA選手、BUSHI選手なんかも入っていましたけど、あの頃は〝若手〟って感じでしたしね。

田中　当時としては、カール・アンダーソンもシングルプレイヤーとしてはまだまだそんなでもなかったし、石井ちゃんが名勝負をするのはわかってましたけど、いまほどの位置にはいなかった。だから、あの頃から「おもしろい試合ができそうなメンバーだな」とは思ってましたけど、「この中に入ったら、俺は当然優勝しなきゃダメだ」とも思っていて、結果的に初代王者になって。インターコンチは後藤（洋央紀）くんとやったり、NEVERは石井ちゃんや本間（朋晃）との試合で、ファンに認められるようになったんかな、と思いますね。

——（2013年2月3日に）後楽園でやった、田中さんと石井選手のタイトル戦は、いまだに「NEVER屈指の名勝負」と言われますよね。

田中　「またやってほしい」とか、いまだに言われるんで。FMWやECWでやったグラジエーターとの試合もそうですけど、何か爪痕を残して人に印象を与えていれば、それは何年経っても自分の財産として活きるんじゃないかと思いますね。

——信頼を得て、それが実績となり、期待値にも変わるわけですよね。

田中　だから無駄な試合っていうのは1試合もないし、石井ちゃんとの試合は、どっちもインディーから上がってきた人間が、後楽園のメインを張って、新日本のファンを納得させなきゃいけないっていうのがあったし。どんなベルトでも「田中将斗が巻いていたから価値が上がった」と言わせたいですよね。それはDDTのKO-D無差別級王座もそうだし。どの団体でも出たからには爪痕を残したいし、どんなベルトでも「田中将斗がチャンピオンのときの防衛戦は全部凄かったな」って、見た人に思わせたいですね。

——そのスタンスはずっと変わらないわけですね。

田中　そうですね。いま47歳で、27年間くらいプロレスをやっていますけど、これからがまた勝負だと思っているので。40歳くらいのときは「身体ももうアカンし、45になったら引退やろうな」って思っていたんですけど、いざ45歳になったら全然衰えてへんし、「45にしてこれだけ動けてたら、ボクは何歳までやれるんだろう」っていう自分との勝負でもあるんで。いま、若い選手たちがどんどん出てきていますけど、そいつらとプロレス界のトップどころとして勝負するのが、自分にとってもチャレンジですね。

——ここからが本当の意味で勝負だと。

田中　いま、結婚して子どもが1歳5カ月くらいなので、その子たちも育て上げなきゃいけない責任感もありますからね。これが自分ひとりだったら、引退してほかの仕事をして、自分が食えるぶんだけ稼げたらいいかなって思いますけど、やっぱり背負うものができたら「まだまだやらなきゃいけない」っていう気持ちが強くなってるんで。だから家族のためにもまだ衰えるわけにいかないし、衰える感じもしないんで。これから稼いでやろう感がいっぱいですよ。

——じゃあ、素晴らしいタイミングで子宝に恵まれた感じですね（笑）。

田中　そうなんですよ。守るべきものができたからこそ、つらい練習だって毎日できるんだと思いますしね。みんな歳をとって練習をしなくなるから衰えるのであって、厳しい練習を続けていれば衰えないと思うんですよ。あとはボクより歳上に鈴木みのるさんとか杉浦貴さんがいますけど、あの人たちもまったく衰える兆しも見えないほど絶好調なんで。あの人たちがあの年代であれだけやるんだから、ボクも「落ちてなるものか！」って思いますもん。

――では、同年代としてこれからもがんばっていきましょう。期待しております！

田中将斗（たなか・まさと）
1973年2月28日生まれ、
和歌山県和歌山市出身。プロレスラー。高校卒業後、住友金属ラグビー部を経て1993年にFMW入門。同年7月23日、リッキー・フジ戦でデビュー。大仁田厚引退後、ハヤブサと共にエースとして新生FMWを牽引し、ECWでもトップレスラーとして活躍してECW世界ヘビー級王座も戴冠した。FMW離脱後は全日本プロレスやZERO-ONEに参戦し、橋本真也との一騎討ちを機にZERO-ONEに入団。ハッスル、大日本プロレス、新日本プロレスにも参戦し、当時低迷していた新日本では、IWGPインターコンチネンタル王座や、NEVER無差別級王座の価値を高めるような激闘を展開して、ファンから大きな支持を集めた。ベテランと呼ばれるキャリアながら、いまだにストイックにコンディションを仕上げて激しい試合にやり続ける姿勢を称賛する声は多い。

HENTAIZADANKAI

玉袋筋太郎の変態座談会

TAMABUKURO SUJITARO

平成のテロリスト

村上和成

KAZUNARI MURAKAMI

黎明期の総合格闘技風景!!
猪木からプロレスの薫陶!!
あの1・4事変の舞台裏!!
小川直也と決別した真相!!

収録日:2020年6月11日
撮影:タイコウクニヨシ　試合写真:平工幸雄
構成:堀江ガンツ

[変態座談会出席者プロフィール]
玉袋筋太郎(1967年・東京都出身の53歳/お笑い芸人/全日本スナック連盟会長)
椎名基樹(1968年・静岡県出身の52歳/構成作家/本誌でコラム連載中)
堀江ガンツ(1973年・栃木県出身の47歳/プロレス・格闘技ライター/変態座談会主宰者)

[スペシャルゲスト]
村上和成(むらかみ・かずなり)
1973年11月29日生まれ、富山県婦負郡出身。プロレスラー。
拓殖大学を卒業後、1995年8月、『真・格斗術トライアル・トーナメント』で総合格闘家としてデビュー。バート・ベイルやモーリス・スミスと対戦したのち、1997年10月11日『PRIDE.1』に出場してジョン・ディクソンを破る。所属だった和術慧舟會を辞めて順道会館を設立して館長となるも、アントニオ猪木率いるUFO所属となりプロレスラーに転身する。その後は新日本、ZERO-ONE、プロレスリング・ノアなどに参戦し、殺気溢れる喧嘩スタイルで熱狂的なファンから熱い支持を獲得している。

「もともとボクは素行が悪くて、小学校1、2年のときから校長室に自分の机があったんですよ」（村上）

――玉さん！　今回は変態座談会に〝平成のテロリスト〟が乗り込んできましたよ！

玉袋　ついに中野にテロリストが現れたか！　緊急事態宣言が解除されたけど、また東京アラートを出さなきゃいけねえんじゃねえか!?

椎名　いま頃、都庁とレインボーブリッジが赤くなってるかもしれない（笑）。

――というわけで今回のゲストは、村上和成選手です！

玉袋　いやー、ホントおひさしぶりです！

村上　おひさしぶりです！

玉袋　村上さんとは、なんかちょいちょいすれ違うんだよね。まだ俺のセガレが小さかった頃、杉並の和田堀公園にトンボを捕まえに行ったら、原っぱで野稽古してるでっけえ男が2人いて。「誰だ？」と思ったら、村上さんと小路（晃）さんなんだよ（笑）。

村上　一時期、あそこがボクらの道場でしたから（笑）。

椎名　和術慧舟會時代ですか？

村上　いや、そのあとですね。小路も慧舟會を抜けて、まだ練習場所がなかったんですけど、「公園でやりゃいいじゃん」って（笑）。

玉袋　あとは中野の島忠で買い物していたらバッタリ会ったりね。な～んか、平和な街でテロリストと会ってたんだよ（笑）。

椎名　都内はどこにテロリストが潜んでるかわかりませんね（笑）。

玉袋　考えてみれば、村上さんは小路さんとも古い付き合いですよね？

村上　アイツとは富山の高校時代からの同級生ですね。同じ柔道部だったんですけど、アイツは昔からプロレスマニアだったんですよ。でもボクはまったく好きじゃなくて（笑）。

玉袋　あっ、好きじゃなかったんですか!?

村上　テレビですら観たことなかった。だから先輩に「こっちに走ってこい！」って言われて、意味もわからずに走って行ったらラリアットを喰らわされて「コイツ、将来絶対にぶっ飛ばす」と思って。

椎名　じゃあ、ラリアットも知らなかった？

村上　知らなかったんですよ。

ガンツ　だから予測もできなかったと（笑）。

村上　でも小路は部室でも週プロをずっと読んでましたよ。

椎名　てっきり2人ともプロレスが好きなんだと思ってました。

村上　ボクは全然ですね。富山にプロレスが来たとき、アイツが出待ちをするために授業を抜けていったときも、「バカじゃねえのか」って思っていたし。猪木会長が選挙で富山に来たときなんか、俺も付き合わされたんですけど、猪木会長が目の前に来たら、アイツ、感動して泣き出したんですよ（笑）。

ガンツ　小路さんにとったら神様が目の前にいる感じで（笑）。

村上　俺は意味がわかんなくて、「なんで泣いてんの？　頭がおかしいんじゃないか？」と思って。

玉袋　そういう人がのちにＵＦＯに入るんだから、人生わかんねえな〜。

椎名　小路さんが柔道を始めたのはプロレスが好きだったからってわかりますけど、村上さんはなんで始めたんですか？

村上　昔、柔道をやっていた親父の影響ですね。小さい頃から「柔道はいいぞ〜」って暗示をかけられて。もともとボクは素行が悪くて、小学校1、2年のときからほぼほぼ教室にいなくて、校長室に自分の机があったんですよ。毎日呼び出されていたんで（笑）。

玉袋　マンガだよ（笑）。

村上　毎日のように校長室に呼び出されて、ぶん殴られて、みたいな。いまだったらダメですよね。それで担任にも嫌われてたんで。

玉袋　それはもう武道をやるしかないと。

村上　でもウチの親父は「何事も区切りのいいところまでかならずやれ」って言うんですよ。だから小学1年から始めたら6年までやれと。

玉袋　縛りが長いよ。携帯だって2年なのに、6年だもん（笑）。

村上　だから習い事とかやりたいって言うと、「そこまで続ける自信があるのか？　だったらやっていいぞ」って言われるから、途中で妥協するのは絶対に許されないんですよ。もし妥協しようもんならボッコボコにシバかれるんで。

「食いすぎて上を向いてたって、フォアグラを作ってるんじゃねえんだから。それ、ガチョウだよ」（玉袋）

玉袋　そんな星一徹タイプのお父さんだったんだ。まあ、柔道本来の「精力善用」ってことだよね。

村上　それで中学のときは柔道部に入ってたんですけど、ボクはほとんど相撲をやっていたんですよ。まあ、半ばやらされてたんですけど。

玉袋　富山はこないだ、朝乃山という大関がひさびさに生まれたけど、もともと相撲が盛んだったんですか？

村上　盛んですね。富山と石川は盛んなんです。

ガンツ　輪島さんは石川出身ですもんね。

村上　ボクが住んでいた街っていうのは、ちっちゃい部落がいっぱいあったんで、10校以上の小学校が同じ中学に行くんですよ。で、そこの中学校の相撲場を借りて毎年お盆に相撲大会をやるんです。

椎名　中学にちゃんと土俵があるんですね。

村上　で、中学に上がって柔道部に入ったんですけど、監督がもともと相撲をやっていた人で、仮入部初日に「おまえとおまえとおまえ、まわしをつけろ！」って言うんですよ。意味わかんないですよね？

椎名　柔道部なのに（笑）。

村上　それでボクが「嫌です」って言ったら、おもいっきり殴られて。

玉袋　座談会が始まってまだ10分ぐらいなのに、何回殴られた話が出てくるんだよ（笑）。

村上　それで富山は雪国だから、冬場は通学するのが大変な子たちには寮が用意されて、そこから通ってたんですけど。だんだん交通事情がよくなってきて、寮が使われなくなってくると、監督が相撲部の寮みたいな感じにしちゃって。それで夏休みだろうが、普通の学期中だろうが「よし、明日から合宿だ！」って言うんですよ（笑）。

ガンツ　1年を通じて、定期的に合宿生活を送らされると（笑）。

村上　それで練習中は「水は飲むな！」って言われるし。ボクはまわりと比べて身体が大きくなかったんで、食事も監督の隣に座らされて「おまえ、今日ごはん7杯、ちゃんこ10杯な」って言われて。

椎名　中学生にですか？　凄い世界ですね（笑）。

村上　2時間ぐらいかけて食べたあとは、いっつも上を向いていましたよ。そうじゃないと口から出ちゃうんで（笑）。

玉袋　フォアグラを作ってるんじゃねえんだから。それ、ガチョウだよ（笑）。

村上　練習も地獄、メシも地獄で。

ガンツ　中学生なのに、相撲の新弟子生活みたいな感じだったんですね（笑）。

玉袋　村上さんの世代で各界に入った人はいるんですか？

村上　同級生だと出島ですね。ボクはデジと同級生で。

椎名　「デジ」って言うんですね（笑）。

村上　合宿も一緒にしてたんですけど、アイツはそこまで強くなかったんですよ。でも中学3年の途中から突然化けたんですよね。あと大学の同級生で、学生横綱になった栃乃洋がいます。

玉袋　村上さんが角界に行く話はなかったんですか？

村上　あったんですけど、ボクは中学3年のとき、身長

180センチ、体重100キロぐらいだったんですよ。食いまくって3年間で40キロ増やしたんですけど、相撲取りに聞くと「130の壁」っていうのがあって、130キロを超えたらそこからさらに大きくなっていくけど、超えられないヤツはそこからなかなか伸びないらしいんです。

椎名　将来、さらにデカくなれるかどうかがだいたいわかるんですね。

村上　監督もそれがわかっていたので、「とりあえず高校に行け」と。それで柔道で富山県2位の高校に推薦で入って、そこで小路と出会うんですけどね。

玉袋　その後、拓殖大学に入ったのも柔道の推薦？

村上　そうです。大学には特待生で入ってるんで。でも、そこでもいじめられるんですよね。

玉袋　拓大柔道部だもんなあ（笑）。

村上　練習の厳しさはいいんですけど、コーチから凄い嫌われてて。

ガンツ　それは面構えがよすぎたんですかね（笑）。

村上　それはあるかもしれない。あるとき、人相の悪いプロレスラーから「俺たち、学生時代から何も悪いことしてねえのに、なんか『おまえ、生意気だな！』とか言われるよな」って、言われたことがあって。「そのとおりです！」って答えたんですけどね。

「木村政彦先生は、ロープ登りで使う吊るされたロープで首を吊っていたことがあったらしいんですよ」（村上）

ガンツ　それ、蝶野（正洋）さんですか？

村上　いや、『風になれ』の人です（笑）。

玉袋　ああ！　そりゃ、あの男も言われるわ。2人並んだら凄いツートップだよ（笑）。

椎名　ビーバップですね（笑）。

村上　で、あの人が「でも俺は村上みたいに人相悪くないけどね」とか言うから、「何を言ってるんですか。俺よりも人相が悪いっスよ」「おまえに言われたくねえよ！」みたいなやりとりをしたことがありました（笑）。

玉袋　最高だな（笑）。拓大柔道部と言えば、木村政彦先生の指導も受けてるんですか？

村上　ボクのときはもう木村先生はご自宅のほうにいらっしゃっていて、ほとんど練習には来られていなかったんですけど、監督が岩釣（兼生）先生で。まあ、狂ってましたね。

玉袋　出た、岩釣兼生！　岩釣先生も狂ってたんですか（笑）。

村上　狂ってましたね。拓大の近くに凸版印刷があって、坂があるんですよ。雨の日だろうとなんだろうと、そこを下から上までウサギ跳びをしろって言うんですよ。ホントにアホな練習しかしてないです。

玉袋　昭和だな〜！

村上　木村先生の論理も凄いですよ。木村先生がいらっしゃったとき、1日の練習が終わったあとにソープに行ったらしいんですよ。それで帰ってきて寝たら、夢精したって。

椎名　もういい歳なのに、どこまで元気なんですか！（笑）。

村上　それで「俺がこんな元気なんだから、若いキミらはもっと元気なはずだ」って、きのうよりさらに練習が厳しくなるんですよ。「はい、いまからウサギ跳び！」って（笑）。

玉袋　すげえ、木村イズムだよ（笑）。

村上　でも木村先生が凄いのは、けっこうなお歳なのに一緒にやって、ホントにトップぐらいで上がってくるんですよ。

椎名　ソープに行って、帰って夢精したあとに（笑）。

玉袋　すげーなー（笑）。

村上　あと、これは先輩から聞いた話なんですけど、ロープ登りのトレーニングで使う吊るされたロープで、首を吊っていたことがあったらしいんですよ。

玉袋　えーっ!?

村上　それで「先生！　大丈夫ですか！」って言ったら、「もう1時間半こうやってるけど、まったくキツくありません」って（笑）。

ガンツ　なんでそんなことを（笑）。

椎名　レフトフック・デイトンだ（笑）。

村上　「ウソでしょ？」って話ですよね。ボクらも先輩に「いや先輩、盛ってるでしょ」って言えないから、「お……押忍！」って言ったら、「おまえ、信用してねえだろ！」って言われて、「押忍、押忍、押忍！（いえ、いえ、違います！）」みたいな（笑）。

ガンツ　先輩に対して「押忍」しか言えないから、口調で否定するんですね（笑）。

村上　あの時代の人がやることは、いまなら全部アウトみたいなことばかりですね。

玉袋　もうスポーツじゃないもんな。

村上　だから拓大で何が鍛えられたかといったら、精神を鍛えられましたよ。

ガンツ　そこから総合格闘技に出るようになったのは、どういうきっかけがあったんですか？

村上　それも拓大柔道部の関係ですね。大学4年のとき、ボクが寮にいたら拓大の監督から「ちょっと銀座に来い」って電話がかかってきて。「なんだろう？」と思って行ったら、そこに西良典先生と、守山（竜介）さんと久保（豊喜）さんがいて。みなさん、拓大柔道部ＯＢなんで先輩なんですけど、そのときが初対面だったんです。それで「おまえか、喧嘩ばっかりしてる村上っていうのは」って言われたんですよ。べつに喧嘩なんかしてねえよ、と思ったんですけど（笑）。

玉袋 やっぱ顔で判断されるんだ（笑）。

村上 売られた喧嘩は買うけど、自分から喧嘩はしてねえよって思いながら、「おまえな、喧嘩しても褒められないだろう？でも喧嘩して、相手の腕折ってカネもらえるようになったらいいだろ？」って言われて。わけのわからない話だけど、先輩には「押忍」しか言えませんから、「押忍」って答えたんです。その流れで西先生が九州でやっていた大会を東京でやるって話をされて、なぜか俺が出ることになっちゃったんですよ。

「〝和術慧舟會所属、西良典の秘蔵っ子〟とか書かれたけど、西先生は初対面だったし、慧舟會って名前も初めて知りましたよ（笑）」（村上）

――「普段から喧嘩してるんだから、その延長で出ろ」と（笑）。

玉袋 その頃の格闘技界っていうのは、どういう流れだったんだろ？

椎名 グレイシーは出てきてました？

村上 いや、格闘技界のことはまったく知らなかったんで、わからないです（笑）。

椎名 あ、そっか（笑）。

玉袋 じゃあ、西さんがロブ・カーマンとやった頃かな。

ガンツ いや、もっとあとですね。第1回の『バーリトゥード・ジャパン・オープン』（1994年）で、西さんがヒクソン・グレイシーに負けた翌年だったと思います。

椎名 じゃあ、総合格闘技の波が来てたってことね。

村上 なんか九州でやっていた、道衣を着てグローブを付けた総合のトーナメントみたいなのを東京でやるって話だったんですよ。

ガンツ 『真・格斗術トライアル・トーナメント』ですよね。

村上 ああ、そんな名前です。

椎名 なんでガンツのほうが詳しいんだよ！（笑）。

ガンツ 熱心な格通読者でしたから（笑）。

村上 でもボクは全然知らなくて、「相手はトーワ杯3位のヤツだ」って言われたんですけど、そのトーワ杯がなんだかわからないんですよ（笑）。そんな状態で、柔道着姿に初めてグローブを付けて出場して。わけもわからず、これまで自分がやってきた柔道と相撲、あとは喧嘩のつもりで闘ったら、優勝できちゃったんですけどね。

玉袋 うお～、そこで優勝しちゃうのが凄いよ。

村上 そうしたら試合後に記者に囲まれて、「これから慧舟會のエースとしてどうのこうの」って言われたんですけど、まず慧舟會を知らなくて「それ、なんですか？」って（笑）。

ガンツ 知らぬ間に慧舟會のエースにさせられてた（笑）。

村上 格闘技雑誌に「優勝したのは和術慧舟會所属、西良典

UFO

の秘蔵っ子の村上」とか書かれちゃって。でも西先生は銀座が初対面だったし、慧舟會っていう名前もそのとき初めて知りましたからね（笑）。

玉袋 巻き込まれてるな～。

村上 結局アレですよ、ボクが拓大柔道部だったんで、木村先生がいて、西先輩がいて、その秘蔵っ子が打倒グレイシーとして担ぎ上げられることになってしまったんですけど。

ガンツ なるほど。西良典の弟子にして、木村政彦の孫弟子が打倒グレイシーに立ち上がった、というアングルですね（笑）。

村上 ボク自身は、ヒクソン・グレイシーの名前すら知らなかったんですけどね（笑）。

椎名 ホントに何も知らなかったんですね。

村上 だから大会前、ボクが打撃の練習をやったことがないんで、「おまえ、ちょっと打撃の練習に行ってこい！」って言われて行かされたのが黒崎健時先生の黒崎道場だったんですけど。

玉袋 出たー！ また鬼が出てきたよ（笑）。

村上 でも、〝鬼の黒崎〟とか全然知らなかったですからね。のちのち「そういえば、鬼だったな」と思ったくらいで（笑）。2時間ずっとつま先立ちとかやらされましたけど、ボクにとっては、拓大の先輩ってみんなそんな感じだったんですよ。「おまえら、これやっとけ！」って言ったあと、「やめ！」って言うの忘れちゃうような人ばかりだったんで。それで黒崎道場もまた、水を飲んじゃダメだったんですよ。

ガンツ 90年代に入ってるのに（笑）。

村上 で、内弟子の人から「うがいだけだぞ」って言われて、うがいをしに行ったんですよ。そうしたら「おまえ、いま水を飲んだだろ！」って言われて「えっ、何この雰囲気……」と思って。「俺は黒崎先生のところに行ってこいって言われただけで、おまえたちの弟子じゃねえよ」って思いながら、いつかやってやろうと（笑）。それで黒崎先生のところに大会前までずっと通ってたんですよ。

「先輩に言われたら『押忍』しか言えないから出ていただけで、総合格闘家になるつもりはなかったわけですもんね」（ガンツ）

椎名 それは大学のときですか？

村上 大学のときです。でも4年生のときで部活はほぼ引退してるんで。

椎名 就職活動は？

村上 総合格闘技をやらされたおかげで全然やっていないですよ。

玉袋 もともと大学を卒業したあとのビジョンとか考えてたんですか？

村上　ボクのなかでは富山に帰って公務員になろうと思ってました。実際に刑務官とかでお声はかかっていたんで。

玉袋　あっ、やっぱそうなんだな。

村上　親父がサラリーマンだったんで、「公務員になれ！」って凄いうるさかったんですよ。まあでも、そこでも柔道はできるし、そんなんでいいやと思ったんですけど。

玉袋　刑務官になるはずが囚人扱いされて（笑）。ちなみに最初に「人を殴ってカネをもらえる」って言われたわけじゃないですか。お金はもらえたんですか？

村上　もらえなかったです（笑）。

玉袋　出た（笑）。

村上　そのかわりに焼肉を食わされて、「なっ、いいだろ？」って、何がいいかわからなかったです（笑）。ボクはべつに格闘技が好きでもないから。

ガンツ　「押忍」としか言えないから出ただけであって（笑）。

村上　その後、「今度は『トーナメント・オブ・J』に出ろ」って言われて。「何それ、意味わかんねえな」って思ってたら、雑誌に〝優勝候補大本命、村上一成〟とか書いてあるんですよ。「おいおい、知らねえよ」って。

ガンツ　すっかり慧舟會のエース扱いで（笑）。

村上　で、前の大会と同じような感覚で出たんですけど、今度は1回戦で郷野（聡寛）選手にKOされちゃったんですよ。

ガンツ　郷野選手がまだアマチュアで、コマンドサンビストとして出ていたんですよね。

村上　しかもハイキックで負けたんです。喧嘩でハイキックでやられることなんかないじゃないですか？　だから、そんな技で負けた自分にすげえ腹が立って、「これ、リベンジしねえと納得いかねえな」と思って、就職活動もせずに総合格闘技の練習を本格的にやることにしたんです。

椎名　『トーナメント・オブ・J』に出てるってことは、もう黎明期の総合格闘技シーンの登場人物になっていますもんね。

ガンツ　また『トーナメント・オブ・J』は、有名選手もけっこうたくさん出ていて、ファンの注目度も高かったんですよね。TK（髙阪剛）もここで優勝して一気に注目度が増して。

玉袋　エンセン井上の兄貴のイーゲンが出たりな。

ガンツ　決勝がTK vs イーゲンでしたからね。

村上　それで翌年、第2回大会があるっていうんで、「頼むから次もアイツと1回戦で当ててくれ」って言って、ボクはなんとかリベンジしたんですよ。だから、そこでもう総合格闘技は辞めようと思っていたんです。

ガンツ　もともと、先輩に言われたら「押忍」しか言えないから出ただけで、総合格闘家になるつもりはなかったわけですもんね。

村上　だから郷野選手にリベンジした時点で、ボクのなかでは終わってるんですよ。ところが今度は、久保さんに「アメリカで試合しろ」とか言われて。それが『エクストリーム・ファイティング』だったんですけど。

ガンツ　総合格闘技黎明期の大きな大会ですよね。

村上　その大会はバート・ベイルっていう選手が看板だったんですけど。

玉袋　ああ、藤原組か。

村上　そのバート・ベイルの噛ませ犬になる日本人の柔道家、柔術家を探していて、巡り巡ってボクにオファーが来たみたいなんですよね。それで久保さんに「村上、おまえアメリカ行ってこい。タダで行けるからいいだろう」って言われて、「マジっスか。タダでアメリカ行けるんスか？」って。アメリカに行けるのがうれしくて、試合まで3週間だったんですけど、観光気分で「行きます」って言っちゃったんですよ。

椎名　無茶しますね～（笑）。

村上　なんか、当時はグレイシーが有名になってたんで、柔道家、柔術家を倒すのがどんなヤツを倒すよりも箔がつくって感じだったんですよ。だから「柔道の日本チャンピオン」って言われて試合に出てますからね、全然日本チャンピオンじゃないのに（笑）。それで、いざケージの中で向かい合ってみたら「コイツ、ホントにでけえな……」と思って。

ガンツ　バート・ベイルって身長190センチ、体重120キログらいありますもんね。

村上　筋骨隆々で凄いんですよ。そのときに「あっ、コイツを殺さなかったら俺は殺されるな……」って本能ですよね。あの大会に出てるのはヤバいヤツばっかりでしたから。みんなムショ上がりみたいなヤツらばかりで、ルールミーティングとかでも「俺はこれまで5人殺してる。おまえも殺すぞ」とか言ってるヤツがいて。

椎名　よく5人でムショから出てきたよね（笑）。

村上　ルールミーティングが前科自慢大会みたいになってるんですよ。

「慧舟會にまだ道場がない頃、大宮で佐山さんにマンツーマンで教えていただいた時期があったんですよ」（村上）

ガンツ　初期バーリ・トゥードはそんなヤツらばっかりだったんですね（笑）。

村上　それでレフェリーもストップするタイミングも知らなきゃ、どこまでやると危ないかもわかっていないですからね。だから負けた人はほぼ全員救急車ですよ。なのでボクがバート・ベイルとやったときも「殺らなきゃ、殺される」と思って頭が真っ白ですよ。あとで映像を観ても完全に喧嘩ですよね。しこたまぶん殴ってるだけなんですけど、運よく勝てちゃって。

その流れでボクが次の大会でモーリス・スミスとタイトルマッチをやることになったんですよ。

玉袋　めちゃくちゃ険しい山が出てきたな、おい（笑）。

椎名　でも村上さんはモーリス・スミスを知らなかったんですよね？（笑）。

村上　全然知らなかったですね（笑）。知らなかったからこそ、怖いもの知らずで向かっていけて。モーリスはボクがタックルにくると思ったんでしょうけど、いきなりパンチで殴りにいったら、モーリスがドーンて尻もちをついたんですよ。

玉袋　いきなりダウンを奪ったんだ！

村上　そこでボクは「いける！」と思って、そのまま打撃でいったんですけど、モーリスは冷静でしたね。そこからの切り返しがうまくて。それで自分の懐に引っ張り込んで、自分の射程距離内に入ったところで一発KOですよ。

ガンツ　以前、モーリスにインタビューしたときも言っていました。「まさか俺のことを殴ってくるとは思わなかった」って。

椎名　あっ、そうか。それで当てられちゃったのか。

ガンツ　「ダウンを奪われたから頭にきて、もの凄い勢いでぶん殴ってやった」って。そうしたら失神KOだったんで、「やべえ、殺しちゃったかも……」って心配になったらしいですよ（笑）。

村上　実際、そのまま救急車で運ばれましたからね。

玉袋　でも凄いよね。いきなりモーリス・スミスだもんな。

ガンツ　モーリスはその次の試合でUFCに出て、（マーク・）コールマンに勝って世界チャンピオンになってるんですよ。だから、あの時点で世界一に近い選手と闘ってたんですよね。

村上　その流れで今度は「PRIDEに出ろ」って言われて『PRIDE・1』に出てるんですよ。

椎名　もう就職のことはなんにもなくなってますね（笑）。

村上　久保さんとも大学の先輩後輩の関係なので、先輩が「行け！」って言ったら行くだけなんですけど、やっぱり「生きるか、死ぬか」「殺すか、殺されるか」というつもりで続けていたんで、『PRIDE・1』が終わった時点で辞めようと思って、慧舟會とも話をして辞めたんです。

ガンツ　『PRIDE・1』が終わった時点で、格闘技から足を洗ったつもりだったんですね。

村上　そのとき、まわりに仲間が何人かいたんで、「とりあえず、次にやることが決まるまで一緒にやろうか」って感じで、ゴールドジムで格闘技を教えるはしりなんですけど、順堂会館というものを設立して、一般の人に格闘技とかトレーニングを教え始めたんですよ。でも、こういう格闘技の世界なんで、あとから「俺に挨拶なしか」みたいに言われそうだから、名刺をいただいていた人に片っ端から「慧舟會を辞めて順堂会館を始めました」っていうFAXを流したんですね。そうしたら、すぐ佐山（サトル）さんから連絡をいただいたんですよ。

玉袋 出た！ 佐山さんとは前から顔見知りだったんですか？

村上 慧舟會にまだ道場がない頃、大宮のシューティングジムで佐山さんにマンツーマンで教えていただいた時期があったんですよ。

玉袋 さすがにタイガーマスクの存在は知ってましたよね？

村上 最初は知らなかったんですよ。「タイガーマスクって、マンガじゃなくてホントにいるんだ」みたいな（笑）。

玉袋 そこまで知らねえのも凄いよ（笑）。

村上 その縁があったんで、FAXを送ったときにも連絡をいただいて。電話で「あ、村上ちゃ〜ん」って。

椎名 「村上ちゃ〜ん」（笑）。

村上 それで「ちょっと六本木にある事務所まで来て。会長を紹介するから」って言われて。「会長って誰だろう？」と思って行ったら、猪木さんがいらしたんです。

玉袋 おー！ でも「事務所」で「会長」って言ったら、「誰だ？」と思うよな（笑）。

村上 でも、ボクはわけがわかっていないんで、「あ、アントニオ猪木だ」と思って、普通に「どうも、はじめまして」って挨拶したら、佐山さんが「彼ですよ、ボクが2年前から言ってたのは」とか猪木会長に言ってるんですよ。そうしたら猪木会長から「そうか、一緒にがんばろうな」って言われて。そのときは広い意味で同じ格闘業界だから、お互いがんばろうって意味だと思ったんですよ。ボクのイメージだと猪木さんはプロレスラーで、自分とはまったく別世界の人だと思っていたんで。

ガンツ まさか「UFOで一緒にがんばろう」という意味だとは思いもせず（笑）。

村上 そういう団体があることも知りませんでしたから。

玉袋 巻き込まれるね〜、しかし（笑）。

「猪木さんから『おまえアマチュアだな』って言われたのが、凄く恥ずかしく感じたんですね」（村上）

村上 その後、1週間くらいしたらまた佐山さんから連絡が来て、「村上くん、オーちゃんがロスに行くことになったから、一緒に行ってくれない？」って言うんですよ。「オーちゃんって誰だ?」って思ったんですけど。

ガンツ 「佐山さんの友達かな」みたいな(笑)。

村上 それで行ったら、あの小川(直也)さんがいるんですよ。「うおーっ!」って思って、ボクも柔道出身だから直立不動になっちゃって。

椎名 猪木にもタイガーマスクにも感動しなかったのに(笑)。

村上 それで佐山さんが「オーちゃんさぁ」とか話しかけてて、「え~、オーちゃんって小川直也のことなんだ!?」ってそこで初めて知ったんです。

玉袋 小川&村上の暴走コンビはそこで出会ったんだ。

村上 それで「村上くん、ロスにはいつから行ける?」って、もう行く前提の話になっていて。ボクはお金もないし、バイトも休まなきゃいけないしとか思っていたら、「大丈夫、大丈夫。給料も出すからさ」って言われて、よくわからないまま「わかりました」って言ったんですよ。そうしたら佐山さんがスタッフに「チケット取って~」って言って、「じゃあ、オーちゃんが空港まで迎えに来てくれるよね?」って聞いていて、小川さんが「あっ、行けます。エアの時間だけ教えてください。到着時刻に俺が行くんで」って。それをボクは横で聞いていて、「小川直也が俺を出迎えるって!? ありえねーよ!」って(笑)。

ガンツ 柔道で考えたら、雲の上の存在なわけですもんね。

村上 だからボクはプロレスラーになるっていうんじゃなくて、小川さんとマンツーマンで練習できるってことで「ラッキー」って感じでロスに2週間くらい行ったんですよ。

椎名 向こうではどういうところで練習したんですか?

村上 サイモン(猪木)さんが探してくれたいろんなジムに飛び込みみたいな感じで行ったんで、道場破りみたいなもんですよ。それでボクが打撃なしでスパーリングして、いい選手がいたら日本に呼ぼうみたいな感じで。

ガンツ UFOの選手発掘方法は道場破りだったんですか(笑)。

玉袋 安生(洋二)さんもビックリだよ(笑)。

村上 それでボクが勝ったら、向こうは「コイツがこれだけの強さなら、うしろに控えてるヤツはどんだけ強いんだ?」って思うじゃないですか。そうすると、交渉もうまくいくんですよね。だから、小川さんからは「おまえ、負けんなよ」ってプレッシャーをかけられるし、けっこう大変でしたよ(笑)。まあ、ボクとしてはそれ以外は体育館みたいなところで小川さんと一緒に練習ができたんで、「貴重な体験させてもらったな」って気持ちだけだったんですけどね。

ガンツ その時点ではまだ、UFOに入ったつもりもないわけですもんね。

村上 まだ全然ですね。ところがロスの最終日ですよ。猪木会長と食事をさせていただく機会があって、そこでボクの運命が変わってしまったんですよね。そのとき、突然「おまえ、リングに絵を描いたことがあるか?」って聞かれたんです。

玉袋 出たー、謎かけだよ(笑)。

村上 「なんだ? 絵を描くって」って思ったんですけど、「リングに絵を描くって意味がわかるか?」って聞かれたんで、とっさに「勝ち負けです」って答えたら「おまえアマチュアだな」って言われて。その「おまえアマチュアだな」って言われたのが、凄く恥ずかしく感じたんですね。

ガンツ 意味はわからないけど、甘さを指摘された感じがしたわけですね。

村上 「それじゃ、メシ食えないだろ」って言われて、そこからいろいろ教えていただいたんですよ。「おまえ、パンチとキックが来たらどうする?」「ガードします」「そうだろ? でもプロレスはガードしねえんだよ」。「じゃあ、喧嘩で殴られて『来いよ!』って言われたらどうする?」「『そんなの効かねえよ! オラ、殴ってこいよ』って言い返します」「そうだろ? それがプロレスだよ」って言われたとき、なんか「うわっ、プロレスってすげえな」って感じちゃったんですよね。

椎名 そうやってプロレスを説明するんですね。

村上 「格闘技の試合で負けそうになったら、引き分けに持ち込もうとするだろ? でもプロレスは危険を顧みず、ガードをしないんだ。打ってみろと顔を出す。そして殴られて倒れても、そこから立ち上がってきて、また向かって行ったら、お客さんはどう思う?」「盛り上がります」「それがプロレスだよ。格闘技は倒れた時点で止められるんだ。でもプロレスは倒れてからがプロレスなんだよ。倒れて這い上がり、また倒れて這い上がる。その姿にお客さんは声援を送るんだ。しびれるぞ」って言われて、なんか感動しちゃったんですよね。「うわっ、プロレスすげえ!」と思って。その話のあとに「じゃあ、これから一緒にがんばろうな」って言われたときは、もう素直に「よろしくお願いします」って言えましたね。

玉袋 そこでプロレスラーになったわけか。もしかすると猪木さんは小川さんにも同じような説明をしてたのかね?

村上 いや、小川さんにはしていないんじゃないですかね。小川さんはもともとプロレスラーになりたかった人なので。それもWWEみたいな。

玉袋 あっ、そうか。ハルク・ホーガンになりたかったんだもんな(笑)。

椎名 その勘違いぶりもおもしろい(笑)。

「格闘技マスコミの連中はすぐ村八分にしようとして本当にどうしようもない(笑)。大人げないですよね」(椎名)

ガンツ 村上さんの場合、まっさらだったからこそ、猪木さんの言葉が素直に入ってきたってことなんですよね。

村上　ガキの頃から「プロレスって八百長だろ?」ぐらいの認識しかなかったんで、逆に凄く新鮮だったんですね。だから、そのあともいろんな関係で総合格闘技の試合に出ざるをえないときも、なんとか断ってたんですよ。もう自分はプロレスラーだっていう認識だったし、本気で総合格闘技やってるヤツらは、メシが食えなくてもその舞台に出たくて必死になって、仕事しながらがんばってることを知ってたんで。「俺が抜ければそいつらが舞台に上がれる」っていう感覚だったんです。でも、そこでケイダッシュの川村（龍夫）会長に言われたんですよ。「おまえが出るってカードを発表したら、チケットがドーンと動いたんだよ。商売ってそうなんだよ。夢じゃねえんだ」って。

玉袋　川村さんからそういう言葉をいただいたってのがすげえな（笑）。

村上　「おまえの気持ちはわかる。たしかにみんな夢を追ってる。でも、みんながみんな夢を叶えられるわけじゃないんだぞ。そこに入るべき者しか入れないんだから、そこはおまえもわかれよ。おまえはある意味でノーとは言えないんだ」って。

ガンツ　その時点ではもう小川さんとタッグを組んで新日本に出たりとか、プロレスラーとしての名前がすでにあったんですよね。だから東京ドームの『UFO LEGEND』でも必要だったっていう。

玉袋　リングに絵を描いていたんだね。

椎名　村上さんがプロレスラーになって、小路さんはうらやましがったんじゃないですか?

村上　いや、アイツはもう総合のほうで名前が売れちゃってたんで自分の世界でしたね。それで尾崎豊になりきっちゃってて（笑）。

玉袋　ずいぶん寸足らずな尾崎豊だな（笑）。

ガンツ　入場テーマ曲が尾崎豊なんですよね（笑）。

村上　それで試合後も尾崎豊になりきったようなマイクパフォーマンスをやって、川村さんに「おい、小路！　もういいんだよ。おまえ、下がれ！」とか言われて（笑）。

玉袋　マイクが長いんだよ。「みんな〜、夢はあるか〜い?」とか言ってさ（笑）。

村上　川村さんがわざわざ俺に電話をしてくれるんですよ。「俺は言ってやったんだよ。『おまえのマイクパフォーマンスなんて誰も聞きたくねえんだ』って。おまえからもアイツに言っておけ！」って（笑）。

玉袋　さすがエンターテインメントのトップ！　川村さん、すげー！（笑）。でも小路さんもPRIDEで人気があったよな。

村上　逆にアイツは総合のほうが向いていたんですよ。

ガンツ　プロレスファンだけど、総合にハマったんですね。そしてじつは、プロレスにまったく興味がなかった村上選手のほうがプロレスラーに向いていたという。

村上　そうなんですよ。ただ、ボクは格闘技からプロレスに行ったことで、凄い嫌われたんですよね。UFOでプロレスをやり始めた頃、修斗の大会に行って記者の人たちに「おはようございまーす！」って挨拶したら、みんながシカトするんですよ。

椎名　そうなんですよ。格闘技マスコミの連中はすぐ村八分にしようとして本当にどうしようもない（笑）。

村上　それを2人目にもやられて、3人目にもやられて。

椎名　大人げないですよね。

村上　「あっ、これシカトか。なんだよ、これ」と思って、それで誰かに聞いたんですよ。「なんかさ、格闘技からプロレスに行くのってタブーなの？」って。そうしたら「タブーです」って言われて（笑）。業界では裏切り者みたいなことだって言われて、「村上さん、知らなかったんですか？」って言うから、「知るか、そんなこと！　興味ねえし！」って（笑）。

玉袋　村上さんはプロレスに行ってよかったよ。UFO時代とか、俺らもしびれまくったからね。

椎名　小川さんと組んでいる頃は、東スポでも毎日おもしろい記事が出ていましたよね（笑）。

村上　東スポの記者と毎日会ってましたからね（笑）。

玉袋　なんか楽しそうだったんだよな。

ガンツ　で、そうこうしているうちに橋本vs小川の〝1・4事変〟があるわけですよね。

玉袋　あれはどうだったの？

村上　あの件については、ボクはまったくわからないんですよ。結局、ボクは小川さんと一緒にいますけど、プロレス界についてもよくわかっていなかったので。小川さん情報しかないわけで。

ガンツ　小川さん経由の限られたプロレス情報しかなかったと（笑）。

村上　で、1・4のときは当日の朝、小川さんに「村上さ、後輩とか何人か呼べない？　こっちは人がいないじゃん。人がいないと箔がつかないから、こないだの道場のヤツとか来れないかな？」って聞かれて。

玉袋　兵隊集めだ。

村上　「あっ、いいですよ」って言って、自分の道場の仲間とか後輩を集めたんですよ。それでドームの近くの喫茶店で「今日はよろしくね。ちょっとさ、慌ただしくなるかもしれないけど、みんなで入場してくれて試合中にセコンドでいてくれたらそれでいいからさ」っていう感じで。

「猪木さんが『村上にはプロレスを教えるなよ。本能のままで闘わせろ』って言っていたみたいなんです」（村上）

椎名　そこまでおかしなムードじゃなかったんですね。

村上　ただ、控室に入ったら、佐山さんが試合に出るわけでもないのにテーピングをグルグル巻いていて、いきり立ってるんですよ。「なんなんだろ？　今日はちょっと機嫌が悪そうだな」と思って。あとは控室の入口まで坂口（征二）さんが来て、小川さんと何か言い合いをしているんですよ。小川さんが坂口さんに「それは会長に聞いてください！　俺は会長の言われたことしかできませんよ！」とか言ってて。なんの話をしているのかわかんなかったですけどね。で、坂口さんが出ていったら、小川さんのマネージャーだった沢野（慎太郎）さんが控室の鍵を閉めてるし。

椎名　けっこうな予兆はあったんですね。

村上　いま思えばそうなんですけど、あのときは特になんとも思っていなくて。その流れのままリングに行くわけですよね。それでボクらはいつもとテンションが変わらないんですけど、普段から「セコンドが緊張感を持たないと意味がない」と。「おまえらも試合をするんだ、いつでも行けるようにしておけ」って言われてたんですよ。猪木さんからも小川さんからも「なんかあったらすぐに飛び込んでいって、選手の盾になるのがセコンドだぞ」っていうことを教え込まれていて。

椎名　橋本戦にかぎらず、そういうふうに言われていたんですね。

村上　だからボクは普通にリングに飛び込むし、結局それしか教えてもらっていないんで。それで両方のセコンドがリングに上がって、(ジェラルド・)ゴルドーが殴ったのを合図かなんかに乱闘が始まって、そっからはもうグチャグチャですよね。結局、向こうからしてみたら、俺らなんか知らないわけじゃないですか。だから殴るとすればいちばんいいわけですよ。得体が知れないから。

ガンツ　「やっちゃっていいヤツ」って感じで村上選手たちが集団でやられたわけですか。

村上　それもきっかけがあったんですよね。一度、小川さんをリングから下ろして自分もついていったんですけど、こっちのセコンドだった4代目タイガーマスクがエプロン際で小原(道由)さんとやり合っているうちに、向こうの連中に捕まっちゃったんですよ。それでマスクを剥がされそうになっていたから、ヤバいと思ってボクは行ったんです。それで「やめろ、こら!」って行った瞬間に、安田(忠夫)さんが突っ込んできたんですよ。そうしたらボクは安田さんを投げちゃったんですね。これが1対1の喧嘩なら、投げて上からボコボコにすればいいんだけど、相手が大勢だったから、その状態のままバッカバカに蹴られまくって、そこからあとはもう記憶がなくて気がついたら病院だったんですよ。

玉袋　危なかったよな、あれは。

ガンツ　リング上でいびきをかいていたんですよね。

村上　顔がもの凄く腫れてて、1カ月くらいちゃんと記憶が戻らなかったですから。

玉袋　うわっ、やべえ……。

村上　日常生活の中でも、「あれ、メシ食ったかな?」とか「あれ、トイレに行ったかな?」とか、ホントに一瞬のことでも忘れてしまうんですよ。それが日に日に落ち着いてきたら、今度は怒りが来るわけですよ。「俺をこんな目に遭わせたヤツ、絶対に殺してやる!」って。

玉袋　そうなりますよね。

村上　でも、誰がやったかわからないわけですよ。それで映像を確認させてもらったら、カメラの角度から見えた俺を蹴ってるヤツは飯塚(高史)さんだったんですよ。そのときは飯塚さんの名前も知らなかったんですけど、「コイツは誰ですか?」って聞いたら飯塚さんだと。そこから「絶対にコイツ殺してやる」と思って。その瞬間は恨みだけだったんですけど、おもしろいことにボクのなかで猪木さんの言葉が強く残っていて、「これを試合に活かさない手はないぞ」と思ったんですね。

玉袋　凄い!　飯塚選手との因縁として使えるって考えたわけだ。

村上　単に恨みを晴らすだけなら、どこでぶっ飛ばしてもいいけど、俺はプロなんだから客の前で喧嘩したほうがおもしろいんじゃないかって思ったんですよ。

玉袋　そこに見てるほうも乗っかったよね。

ガンツ　だからあの因縁を受けて、2000年の1・4東京ドームで橋本&飯塚vs小川&村上っていう試合をやりましたけど、めちゃくちゃおもしろかったんですよね。ホントに喧嘩だし（笑）。

村上　だからその試合の話があったときも、猪木さんに「村上、おまえどうだ？」って聞かれて、「そりゃ殺したいと思ってますよ。でもボクはプロなんで、これを活かさないことには何もないでしょう。プロレスラーはリングで闘うだけなんで俺は全然いいっスよ。やりますよ」って言って。プロレスの試合としてやりますけど、「殺してやる」っていう気迫がないと緊張感もなくなると思ったので。

玉袋　うん、プロだ。

村上　だから小川さんがよく言ってたのは、「刀を磨いておけよ」っていうことでしたね。「いつでも刀を抜けるようにしておけよ」っていう。それは自分を守る防御にもなるし、相手への緊張感にもなるんで。そういうのは磨いておかないとお客さんにバレるんですよね。ボクらが見せるところってそこだけなんで。だってプロレスのロックアップやロープワークは基本的に習ってないんですよ。

ガンツ　プロレスを習ったことがないプロレスラーなんですよね（笑）。

村上　猪木さんが「村上にはプロレスを教えるなよ。本能のままで闘わせろ」って言っていたみたいで。だからロープワークを習ったのは、ホントにのちのちになってからですよ。一緒に魔界倶楽部をやっていた柴田（勝頼）に「おい、柴田。ロープワークってどうやってやるんだ？　なんかロープにぶつかると痛えんだけどさ」とか言って（笑）。

玉袋　でもプロレスに染まり切らない、そのスタイルがよかったんだよな。

村上　だからボクは、昔の新日本の人たちに凄くかわいがってもらったんですよ。バトラーツの駒沢大会（2000年11月26日）に出たとき、山本小鉄さんが観に来られていて、試合前に控室に突然入ってきて「おう、村上！　おまえは最高だよ。俺はおまえのこと応援してるからな。今度、メシ行こうな！」って声をかけていただいて。ただ、ボクはその時点で山本小鉄さんのことを知らなかったので、石川（雄規）さんに「誰ですか、あのハゲ？」って聞いちゃったんですけど（笑）。

玉袋　ガハハハハ！　あのハゲって、そのまんまだよ。

椎名　豊田真由子元議員ですね。「あのハゲ〜！」って（笑）。

村上　石川さんには「おまえ、山本小鉄さん知らないの？　俺のことからかってない？」って言われて（笑）。それぐらいプロレスのことを知らなかったんですけどね。「あの人はヤマハブラザースだよ」って言うんですけど、「なんですか、ヤマハブラザースって?」って。

椎名　聞けば聞くほどわからないですよね（笑）。

「小川さんとはもう20年近く、会ったこともなければ、すれ違ったこともないんですよ」（村上）

ガンツ　小鉄さんは、村上さんが新日本で喧嘩マッチみたいな闘いをしていたのを気に入っていたんでしょうね。

村上　だからその後、新日本に上がったときも、小鉄さんには「おう、村上。あれでいいんだよ！　あれを貫き通せよ！」って言っていただいて。そのあとは星野（勘太郎）さんから「村上がいなかったら魔界倶楽部はできない」とおっしゃっていただいて。まっ、星野勘太郎も最初は知りませんでしたけど（笑）。

椎名　「なんだ、このちっちゃいおっさん」って（笑）。

村上　星野さんにも、その後は凄くかわいがってもらいましたけどね。しょっちゅう「赤坂行くぞ」って言われましたよ（笑）。

玉袋　小鉄さんや星野さんといった昭和の人たちは、村上選手の心根の部分を気に入ったんだろうな。でも村上さん自身は、小鉄さんも星野さんも知らなかったというね（笑）。いや〜、おもしれえ。

ガンツ　では時間も残り少ないので、最後にひとつ聞きたいんですけど。小川さんと袂を分かつことになったのは、なぜだったんですか?

村上　小川さんと別れたのはボクのなかでもクエスチョンなんですよ。ZERO-ONEに上がっていたとき、やっぱり自分が上にいくためには小川直也であっても利用しなきゃならないってことで、リングで小川さんを襲って、大谷晋二郎側についたことがあったんですね。

玉袋　小川さんに対しても〝テロ〟を仕掛けたわけだ。

村上　それでボクが襲うときって、毎回、外にクルマを用意させておいて、すぐに会場から逃げるっていう段取りをしてあって、荷物から何からすべて仲間に預けていたんですよ。それで会場をあとにして、仲間と一緒に焼肉を食いに行ったんですね。そうしたら小川さんから着信が入っていて、かけ直したら「おまえ、マジか?」って言われて。ボクは「何を言ってるのかな?」と思って。「マジだけどべつにそんな目くじら立てることはねえだろ」みたいな。「俺の性格わかってるでしょ?　俺は表に出てやってるんだから、表で返せばいいでしょ」って。それで電話を切られたんで、またかけ直したら出ないんですよ。

玉袋　着信拒否（笑）。

村上　「あれ、おかしいな」と思って、また焼肉を食ってたんですね。それで帰りに携帯を見たら留守電が入っていたんですよ。電話がかかってきたのに気づかなくて、それで留守電を聞いてみたら「わかった。もういいわ、おまえ。これでもうわかったから」って切れて、それっきりなんですよ。

ガンツ　小川さんがマジギレしちゃったってことですか!?

村上　なんかボクが電話に出なかったのを着信拒否していたと思ったのか、そんな留守電が入っていて。その後、別の用事で川村さんにケイダッシュの事務所まで呼ばれたことがあったんですけど、「さっきまで小川がいたんだよ。『いま村上が来るから待ってろ』って言ったのに、アイツが『いや、いいっス、いいっス』って帰りやがってさ。アイツ、いまだに村上のことをなんか思ってんのか?」って言われて。なので、それからもう20年近く会ってないんですよ。

玉袋　すげ～（笑）。

ガンツ　でも村上さんが小川さんを襲ったのは、プロレスの中の話じゃないですか。その後、本気になってしまったわけですか（笑）。

村上　小川さんがどう思ってるのか、聞いたことないのでわかんないですけどね。

玉袋　でも、村上さんのほうはべつに恨みも何もないしさ、普通に小川さんの話もするわけだもんね。

村上　だから、あの焼肉屋での電話から止まってるんですよ。そこからいまのいままで、会ったこともなければ、すれ違ったこともないんですよ。

椎名　村上さんにリング上で襲われたのが、そんなにショックだったんですかね（笑）。

村上　それなのにその後、藤井軍鶏侍をボクのレプリカみたいにしてやってるって聞いて、「なんなんだろうな?」って。たまたま藤井軍鶏侍の彼女と、ボクの友達の奥さんが凄く仲良くて。軍鶏侍は小川さんから「村上のときはこうだったんだよ!」「村上はこうやって動いたんだよ!」ってよく言われていたらしくて、「俺は村上じゃないからできるわけないじゃん。それを俺に求めちゃダメだよ」って彼女にぼやいてたらしいんですよ（笑）。

ガンツ　藤井軍鶏侍さんは、別れた村上さんの幻影を追う小川さんに悩まされたんですね（笑）。

玉袋　おもしれ～（笑）。

村上　一度、ＩＧＦからボクにオファーが来たことがあったんですけど、「俺がＩＧＦに出るなら、相手は小川直也しかいないよ」って言ったら、小川さんは「顔じゃねえぞ」って言ったらしくて、その話はなくなったんです（笑）。

ガンツ　カ、カテエ……（笑）。

村上　「そうだよね。顔じゃないよね。天下の小川直也だもん」って返しましたけどね。ＵＦＯの頃は1年３６５日のうち

360日くらいは小川さんと一緒にいたんですよ。小川さんはクルマが好きで、ボクも好きだったから、小川さんが2台持っているうちの1台を改造しようってことになって。一緒にパーツ屋に行って「村上ちゃん、これをこうやったらどうなのかな?」「いや、それよりもこっちがいいっスねえ」とか話したりしてたんですよ。練習後、小川さんのクルマに乗って2人でメロンパンを食べながら、そういうところに行くのが楽しかったんですけどね。

ガンツ　凄い仲良しだったんですね(笑)。

村上　仲良しなんですよ。練習も遊びも一緒に行ってたんで。それで小川さんの奥さんが「なんか恋人みたいだよね」とか言って(笑)。

玉袋　カミさんが妬くほどの仲だったってのがいいな(笑)。

村上　だけどその仲も、ボクがリング上で襲ったことで終わっちゃったんですよね(笑)。

玉袋　それが「平成のテロリスト」のさだめだな(笑)。

第100回 追悼・木村花

椎名基樹

椎名基樹（しいな・もとき）1968年4月11日生まれ。放送作家。コラムニスト。

3月の初めに友人たちと「スターダム」の興行に行く予定だった。プロレス興行に行くなんて何年ぶりだろう。QUINTEに行ったのは一昨年の7月か……。純粋なプロレスとなると安生洋二引退興行以来ではなかろうか。となるとちょうど5年前だ。その後すぐに心筋梗塞になったんだった。あれは怖かった。生きててよかった。

リングス、PRIDEが立て続けに突然崩壊してしまって以来、私は「興行難民」となってしまった。考えてみると90年代から00年代初期の15年間は、ファイトイベントの花盛りで、それは私の娯楽の筆頭だった。それを突然失ってしまい寂しい気持ちのまま、あっという間に10年以上が過ぎてしまった。

当時よく一緒にプロレスも格闘技も観に行っていた友人とひさしぶりにプロレスを観に行こうと盛り上がった。それがなんだか嬉しかった。そういう気持ちにさせてくれたのがスターダムだったのだ。結局スターダムの興行は、コロナウィルスの影響で中止になってしまった。

興行が流行の感冒の影響で中止になるなんて信じられなかった。そんな経験は一度もなかった。「プロレスの興行に行って、風邪をひこうがひくまいが個人の勝手じゃねーか」なんて言っていた。3カ月前はまだそんな気持ちだったのだ。いまではすっかりソーシャルディスタンスに慣れてしまい、コロナウィルスが怖くて電車に乗るのも嫌だ。この3カ月で1回しか電車に乗っていない。自分のこんにゃくぶりに驚く。

もしあの興行が行われていたら、木村花の試合を観ることができたんだな。「木村花自殺」のニュースを聞いたとき、まったく信じられなかった。ルックス抜群の前途洋々たる若い女の子が自殺するなんて。その死の理由が、出演中の恋愛リアリティーショーをめぐっての誹謗中傷と聞いてさらに信じられなかった。

恋愛リアリティーショーに台本があるのかないのか知らない。しかしカメラが回っていることを、出演者は承知しているわけで、自分の行動が視聴者にどんなふうに映るかはわかっているはずだ。となると、それは「演技」なのではないか？　ましてや木村花はヒールのプロレスラーだ。観客をヒートアップさせる役割を熟知していたのではないか？

SNSの中傷が自殺に至るほどの理由になるのも理解できない。見なければいいじゃないか。そう思ってしまう。しかし、それはほとんどSNSを使いこなせていない私のようなおっさんの意見なのだろう。また中傷されやすい立場にあって、膨大なフォロワーを持つ人には特別な事情があるのかもしれない。

でもやっぱり思ってしまう。「見なければいいし、アカウントを削除してしまえばいい」と。それができないところが「心の病」のそのもののように思える。狂気の入口は「そのことしか考えられなくなること」だ。木村花も何度もSNSの蓋を閉じたのではないだろうか。それでもやはり気になって仕方なくなって「そのことしか考えられなく」なり、悪意の箱を開けることを止められなくなってしまったのではないだろうか。そうしているうちにどんどんと心を病んでしまったように思える。

それにしても、文字による中傷だけで自殺まで至るのが信じられず、検索してみたら、リアリティーショーの出演が原因で自殺した人が海外では30人以上いると知って驚いてしまった。社会問題になっているという。日本も木村花の自殺を受けて、今後は中傷した者を特定して罪に問えるようにすると言う。それは一応の抑止力になるだろう。しかし、それは結局「事が起こったあと」に、遺族がやれることでしかない。被害者が行動を起こせる性格ならば、そもそも自殺などしないように思える。

匿名で他人を意味なく中傷する者は卑劣だ。木村花自殺報道のあと、多くの有名人がその卑劣さを非難し、自粛を呼びかけた。しかし、間違いなく言えることは、ネットから誹謗中傷をなくすことは不可能だということだ。炎上商法が日常的に行われている世界なのだ。中傷も衆望も表裏一体だ。結局、ネットから自分の身を守れるのは、自分しかいない。自分がいま泳ごうとしている海は、サメの棲む海と自覚しなければならない。

バラエティー番組についてコメントする人間など、軽い気持ちでそれを行っているに決まっている。人間誰もが妬む気持ちを持っていて、加虐に快感を覚える性質がある。誰かがひとたび「悪」と見なされたら、その逆に立って「正義」の旗印の下、集団で攻撃を始めエスカレートする。人間社会は常に「生贄」を求めている。匿名ならそれに参加しない手はない。簡単無料に憂さ晴らしができるのだから。ネットの誹謗中傷は、人間が元来持つ「闇」の総体であり、お化けのようなものだ。無視する強さを身につけるしか勝ち目がない。

木村花が自殺した理由はSNSだけではないのかもしれない。リアリティーショーに参加するなかで人間が信じられなくなるような出来事が重なったのかもしれない。

真相はまったくわからない。ただ、あのルックス、体格でスターダムに所属していたならば、WWEに参戦した可能性は極めて高かったはずだ。ワールドワイドなセレブリティーになれる可能性を持っていた、若い女の子が、小さな日本のエンターテインメントが原因で命を落とすなんて、なんともったいないことだろう。数年前に命を落としかけた、50過ぎのおっさんの私でさえ、まだやりたいことや実現してみたい夢がたくさんあるのに。

SELF PROJECTION WATCHING

プロレスがわかれば世の中が、
そして世界が見えてくる。

斎藤文彦×プチ鹿島

活字と映像の隙間から考察する

プロレス社会学のススメ

撮影：タイコウクニヨシ　司会・構成：堀江ガンツ

第3回

NWA史から見る〝権威〟とはいかにして作られるのか？

NWA（ナショナル・レスリング・アライアンス）。それはプロレスマニアの間で長年、プロレス界の最高権威として位置づけられていた組織だった、はずだが……。

今回は、NWAがいかにして世界最高峰という幻想をまとったのか。その真実に迫る!!

「〝世界最高峰のNWA〟というひとつの説、NWA幻想にあのアントニオ猪木さんでさえ翻弄されていた時代があったんです」（斎藤）

――今回は「NWA」をテーマに語ってもらいたいんですよ。NWA幻想というのは、馬場―猪木の対立を軸とした、日本のプロレスを構成してきた大きな要素のひとつだと思うので。

鹿島　いいですね！　以前、ニコ生の『にこのげ』という番組で、フミさんとNWAの話になったときも凄くおもしろかった。

斎藤　あれは、なんでNWAの話になったんでしたっけ？

――ジミー鈴木さんがやっていたDSWっていう興行がNWAと提携したときですよ（笑）。

鹿島　ああ、そうだ。久々にNWAというのを担いだ興行をやったんですよね。あの小さな新木場1stリングにNWAからの刺客が襲来するという（笑）。

斎藤　かつてとはまったく違う組織ではあるけど、いまでも「NWA」という価値観は残っていたということですよね。

鹿島　で、ボクなんかは子どもの頃から、全日本プロレス中継やプロレス雑誌から「世界最高峰のNWA」というのが刷り込まれていて。NWAこそがプロレス界でもっとも権威のある組織で、NWA世界ヘビー級王者こそ世界一という認識だったのが、フミさんの話を聞くと、全然違ったという。多くの人が「こうだ」と思い込んでいることに、

まったく違った側面がある、これこそ社会学かもしれないな、と思ったんですよ。

斎藤 やっぱりボクらは根っからのマニアだから、真実を知りたいじゃないですか。だから「世界最高峰のNWA」というひとつの説も、これだけ長く信じられてきたんだから、ある部分ではそれも本当かなとは思います。でも、やっぱりそれだけではない。

鹿島 「最高峰」はある一面でしかない、ということですよね。

斎藤 鹿島さんは、最初にNWA世界王者を認識したのは誰あたりですか？

鹿島 ボクはやっぱりハーリー・レイスですね。それで子どもなりに、プロレス雑誌や『プロレス入門』なんかを調べていったら、テリー・ファンクとドリー・ファンク・ジュニアのザ・ファンクスはアイドルレスラーだと思っていたのが、じつは世界最高峰のベルトを兄弟揃って獲っていたんだって、知るんですよ。

――その箔付けがあってのアイドル人気ですよね。そして全日本のパンフレットの最後のページには、ジョー樋口さんが「NWA公認レフェリー」として載っていて。

鹿島 「失神ばかりしてるけど、偉いんだ」っていう（笑）。それが80年代最初の頃だったんですね。

斎藤 鹿島さんの少年時代である80年代前半は「大NWA」幻想が支配的であった最後の時代ですけど、70年代に少年期を迎えたファンにとってNWAは、もっともっと大きな存在だったんです。日本の団体がNWAに加盟できるかどうかが、もの凄く大きな命題でしたから。

鹿島 新日本と全日本は、同じ1972年に旗揚げして、全日本はすぐにNWAに加盟できたのに、新日本はなかなか加盟できなかったんですよね。

斎藤 アメリカではNWA加盟団体こそがメインテリトリーであり、非加盟団体はアウトロー団体であると。これは〝東スポマジック〟であり、〝ゴングマジック〟でもあったんですけど、そういう格付けがあって、あのアントニオ猪木さんでさえNWA幻想に翻弄されていた時代があったんです。全日本は旗揚げした翌1973年春にジャイアント馬場さんが自らセントルイスに行ってNWA加盟団体になるのに、新日本は1973年、1974年と2年続けて実際にアメリカのNWA総会まで足を運んだのに、いずれも加盟申請が却下されてしまった。

鹿島 その事実をもって、NWAの権威と馬場さんの政治力をファンがあらためて認識したんですよね。

斎藤 当時、ボクが読んでいた『月刊プロレス』誌では、夏のNWA総会のあとに「新日本プロレスが○票差で落選。今年もNWAに加盟できず」みたいな記事が掲載されていたんです。その記事はボクらの大先輩の森岡理右さんが書いていて、「肩を落として帰っていく猪木」みたいな（笑）。

――馬場さんのブレーンだった森岡氏が、猪木さんの惨めな姿をここぞとばかりに書いているという（笑）。

鹿島 そこも政治ですよね、おもしろい！

「不都合なことは報じないという、いま政府関係の話などで問題視されていることがあの時代のプロレス界でも起きていたんですね」（鹿島）

斎藤　当時、少年ファンだったボクらはライターが全日派、新日派、どっち寄りなのかわからずに読んでいたんですけどね。でも、どちらにしても新日本が1973年、1974年と2年続けて申請を却下されたという事実は残ってしまうわけで。「仕方なく」と言ったらおかしいけど、猪木さんは1973年12月にNWAとよく似た名称のNWF世界ヘビー級王座を獲るわけですよ。

鹿島　ジョニー・パワーズから獲って、70年代の猪木さんを象徴するベルトになったんですよね。

斎藤　でも、猪木さんがNWFを獲った1年後の1974年12月、全日本は時のNWA世界チャンピオンのジャック・ブリスコを日本に招いて、馬場さんがブリスコを負かしちゃうわけじゃないですか。それで日本人初のNWA世界王者となって、〝レイスモデル〟の本物のNWAベルトを腰に巻いた。NWAという権威とその関係性においては、馬場さんが猪木さんに常に先行していたんです。

鹿島　そこが猪木ファンにとっても、猪木さん自身にとっても、ずっと悔しかったわけですよね。

斎藤　そして皮肉なことに、猪木さんがあれほど加盟に熱心だったのに仲間にも入れてもらえない、チャンピオンを呼ぶこともできないのも、逆説的にはあるけれどNWA幻想をさらに高めることに一役買っていたんですね。

鹿島　なるほどな～。猪木さんがほしがったからこそ、でもあったんですね。それで馬場さんが初めてNWAを獲ったのは鹿児島でしたよね？　なぜ、東京や大阪の大会場ではなく、地方都市での〝快挙達成〟になったんですか？

斎藤　あれはテレビ放映の都合だったんでしょうね。NWAチャンピオンって日本に来てもだいたい1週間、長くても10日～2週間の滞在ですね。シリーズに全部出ないで途中で帰っちゃうじゃないですか。

鹿島　シリーズ後半の特別参加とかでしたよね。あの希少性も外タレの最たるもので。

斎藤　そして1974年12月もジャック・ブリスコは10日間の特別参加だったんですけど、馬場さんがNWAを獲った12月2日の鹿児島は、その来日第1戦だったんです。それで王座を奪取して、その3日後の12月5日、東京・日大講堂で今度はNWAとPWFの二冠を賭けてブリスコと再戦することが決まっていたので、訳知り顔のマニアは「NWAを獲ったはいいけど、すぐに負けちゃうんでしょ」って予想していたんですよ。

鹿島　マニアはマッチメイクの裏読みとか大好きですからね（笑）。

斎藤　でも、その再戦でも馬場さんが勝って王座防衛に成功したので、「うわ～、連続で勝っちゃった！」って、みんな驚いたんです。その試合で、年末のシリーズはテレビ放送が終わりだったので。

鹿島　「ホントにNWA防衛しちゃったじゃん！」と。

斎藤　ところが、当時少年ファンだったボクが月末に本屋さんに行ってプロレス雑誌をペラペラめくると、カラーグラビアじゃなく、うしろのモノクロページにジャック・ブリスコが12月8日に豊橋で行われた試合で馬場に勝って「NWAを奪回」っていう記事が載っていたんですよ（笑）。

鹿島　そんな大事なことが、モノクロでひっそり伝えられてたっていう（笑）。

斎藤　そこで初めて、「なんだ、馬場さんはジャック・ブリスコがアメリカに帰る前に負けてたんだ……」って気づくんです。なぜなら、ブリスコが王座奪回した豊橋大会はテレビマッチじゃなかったので、馬場さんが負けて、NWAタイトルを失うシーンはついにテレビ中継でやらなかったから。しかも王座転落の事実すら、その後もテレビでは報じられなかった。

鹿島　不都合なことは報じないっていう。いま政府関係の話などで問題視されていることが、あの時代のプロレス界でも起こっていたんですね（笑）。

斎藤　そして、その後もテレビでの実況コメントでは「日本人で初めてNWA世界王者になったジャイアント馬場」というフレーズだけが連呼されるようになるんです。

鹿島　全日本や馬場さん、日本テレビにとっては、「日本人で初めてNWA王者になった」という事実ことが大事だったわけですね。

――しかも「猪木にはできない快挙を成し遂げた」という（笑）。

斎藤　そういうことでしょうね。

鹿島　で、その〝NWA幻想〟というのは、そもそもどのようにして生まれたんですか？

斎藤　それはまず、NWAというものが日本のメディアで論じられるようになった時代というのは、まだ日本人にとって〝世界が遠かった〟頃の話だからなんだと思うんです。

――庶民が簡単に海外旅行なんか行けない時代だったからこそ、生まれたものだと。

鹿島　だからNWA本部があるミズーリ州セントルイスって、アメリカの中心地なのかと思っていたら、全然違うんですよね？

斎藤　中西部のセントルイスは、アメリカの都市の中ではかなり田舎の部類に入りますね（笑）。

鹿島　キール・オーディトリアムという会場が、〝NWAの総本山〟とか言われてましたよね。ボクは「総本山」って言葉もそこで覚えましたから（笑）。

斎藤　そうすると、セントルイスの本部というと、NWAのビルとかありそうなイメージじゃないですか。でも実際はNWA会長だったサム・マソニックさんがダウンタウンのホテルの一室を事務所にしていて、そこが〝NWA本部〟だったんですよ。

「アメリカでは1920年代、第一次世界大戦が終わって好景気が来た頃にプロレスブームがあったんですよ」（斎藤）

鹿島　マジっスか!?　国連本部みたいな建物があるのかと思ったら（笑）。

斎藤　〝あの〟NWA本部ですから、世界各国の国旗かなんか揚がっていそうなものですよね。

――ところが実際は、探偵事務所みたいな感じだったと（笑）。

鹿島　もしくは雑居ビルで営業している占い師みたいな（笑）。

斎藤　本当にそんな感じで。長期滞在している人もいるような、古いホテルの一室がマソニックさんの事務所だったんです。

鹿島　デーブ・スペクターの事務所みたいだったんですね（笑）。

斎藤　映画評論家だった淀川長治さんも、生前はホテル住まいでしたよね。ホテル住まいなのに部屋には本とかいっぱい置いてあって、賃貸のような感じで。マソニックさんの事務所も同じで、そこがNWA本部だったんです。

鹿島　だからNWAというのは、たとえば野球で言えばMLBのような、プロレス界全体を運営、管理する超強力な団体組織だと子どもの頃は思っていましたけど、ちょっと違うわけですよね？

斎藤　わかりやすく言えば「アライアンス＝組合」ですからね。全米のプロモーター、同業者が加盟する横のつながりみたいな組織ですね。

鹿島　「組合」っていうと、一気にイメージが変わりますね（笑）。

斎藤　NWAは「プロレス団体」ではないんです。アメリカじゅうに点在する大小のプロレス団体が、NWAに加盟して、世界チャンピオンをシェアしていたんです。

鹿島　だからこそ、NWAに加盟しないと自分のところの興行にNWA世界王者を呼べないと。

斎藤　そのNWA世界王者ですけど、ボクらの子どもの頃、『ゴング』とかにNWA世界王者の系譜が載っていたじゃないですか。

鹿島　「第○代王者は誰」とかですよね。いやもう、たまらなかったです。

斎藤　その系譜には「1908年、フランク・ゴッチが王座を統一して初代NWA世界王者となる」とかならず書かれていましたけど、フランク・ゴッチが持っていた世界王座は、NWAとはまったく無関係なんですね。

鹿島　無関係なんですか!?

――「初代NWA世界王者はフランク・ゴッチ」なんて、ボクらが子ども向けの『プロレス入門』とかを読んで、まず最初に勉強することですよね（笑）。

鹿島　「邪馬台国の女王は卑弥呼」みたいな感じで、常識だと思っていたんですけど、違うんですか（笑）。

斎藤　フランク・ゴッチの統一世界王者はNWAとはまったく別のものです。NWAが立ち上がったのは1948年、戦後のものなんです。だからフランク・ゴッチだけじゃなく、ロシアからヨーロッパを経由してアメリカに渡ったジョージ・ハッケンシュミット、1920年代のエド・ストラングラー・ルイス、〝胴締めの鬼〟ジョー・ステッカー、〝黄金のギリシャ人〟ジム・ロンドス。この人たちはNWAとはなんの関係ないんです。でも、その当時の諸派の「世界王座」を争っていた超大物たちであることはたしか。アメリカでは1920年代、第一次世界大戦が終わって好景気が来た頃にプロレスブームがあったんですよ。

――日本の大正時代に、もうプロレスブームがあったんですか（笑）。

斎藤　その時代には、すでにニューヨークにマジソン・スクエア・ガーデンはありましたからね。だから好景気もあって、毎月MSG定期戦が行われて、1万人クラスの集客をしていたんです。全米をツアーしたジム・ロンドスという人は、どこに行っても常に1万人の観客を入れる、観客動員力を持ったスーパースターだったんです。

鹿島　その時代にどこ行っても1万人を集めるって凄いな〜。

斎藤　プロレスはテレビ以前の時代でも1万人以上のお客さんを動員できるスペクタクルスポーツで、昔からレスリングは人びとを魅了してきたんでしょうね。だからエド・ストラングラー・ルイスとベーブ・ルースが同時代を生きたスポーツヒーローとして記念撮影している写真が残っているし。実際にフランク・ゴッチが統一王者となる1908年以前にも、1880年代にはウィリアム・マルドゥーンというプロレスの始祖が世界チャンピオンを名乗ってニューヨークで興行をやっていましたから。

――日本では江戸時代がようやく終わった頃に（笑）。

斎藤　でも、その時代に日本からアメリカに渡って、ウィリアム・マルドゥーンとプロレスで闘ったソラキチ・マツダという偉い人もいるわけですよ。日本人プロレスラー第1号ですね。そして1930年代になるとアメリカに大恐慌が訪れますけど、プロレスは一度もなくなっていない。やっぱり大衆のスポーツとして人気があったんですよ。

鹿島　不景気なら不景気で、大衆にとってやっぱり必要なものだったという。

斎藤　そうなんでしょうね。戦時中の1940年代もプロレスはなくなっていないですから。そして、第二次世界大戦後にテレビの時代が始まるんです。

鹿島　いま、コロナ禍で逆にエンタメが必要と言われているのと同じですね。

斎藤　人びとがそういったものを求めたんでしょう。1945年に第二次世界大戦が終わると、好景気ベビーブームが来るじゃないですか。すると日本よりも5〜6年先行して、アメリカじゅうの一般家庭がテレビを買い始めて、プロレス界では〝ミスター・テレビジョン〟と呼ばれた、ゴージャス・ジョージがハリウッドから登場するんです。

「NWAとは田舎のプロモーター同士の〝組合〟であり〝談合カルテル〟という側面も持っていたと。イメージがだいぶ違いますね」（鹿島）

鹿島　プロレスは、世の中と共に歩んでいますよね。

斎藤　そう思いますね。世の中と共に、そしてメディアと共に歩んでいます。黎明期のテレビに出ることで、ゴージャス・ジョージは全米で人気者になったし。当時は週に3回くらい、ABC、NBC、CBSの三大ネットワーク局がプロレス中継をやっていたんですよ。

鹿島　まさに日本のテレビ黎明期に、NHKと日本テレビでプロレスが放送されたのと、同じことがすでにアメリカでは起こっていたわけですね。

斎藤　そんなテレビ時代の幕開けとともに、NWAはアイオワで誕生しているんです。

鹿島　最初はミズーリ州じゃなくて、アイオワ州だったんですか。

斎藤　アイオワ州ウォータールーですね。そのアイオワ州って、アメリカの50州の中でもいちばんの田舎なんですよ。

鹿島　アメリカでいちばんのど田舎で誕生したのがNWA（笑）。

斎藤　アメリカの一般人にアイオワって言うと、「プッ!」って笑われて、「おまえ、アイオワから来たのか!?」って言われるくらいの田舎ですよ。行けども行けどもトウモロコシ畑みたいな。そのアイオワ州ウォータールーっていうところに中西部のプロモーターが7人ほど集まって、今後の興行活動について協議をした。「なんだか知らないけれど、テレビジョンっていう小さい箱で映画が観られるものが出てきたらしい」「しかも、家で無料で」と。「そんなもんでプロレスを映されたら、誰もアリーナまで観に来なくなるぞ。俺たちは全員、廃業だ」っていう発想だったんです。

鹿島　テレビ登場による危機感がまずあったわけですね。

斎藤　そうなんです。テレビがプロレスを放送し始めたら、商売上がったりだと。それで自分たちの利益を守るために、1948年にアイオワ州ウォータールーで連絡会議としてNWAが誕生するんです。その発起人のひとりがサム・マソニック。だからNWAっていうのは、基本的に田舎のプロモーターたちの発想だったんでしょう。

鹿島　田舎のプロモーターたちが組合を作ったってことですか。

斎藤　世界的な視野で考えていたら、組織名に「ワールド」とか、「アメリカン」を付けると思うんですけど。NWAはナショナル・レスリング・アライアンスですから。あくまでも「ナショナル=国内」だからアメリカ国内に目を向けた同業者（プロモーター）の組織ですよ。

鹿島　なるほど。自分たちの生活を守るためのものですもんね。

斎藤　プロモーターたちが手をつないで、「お互いの利益を守ろうよ」っていう、アメリカ市場をどうしようかっていう発想ですよね。そこで手をつないだ地方プロモーターたちで、ひとりのチャンピオンを共有しましょうと。そして組織に歯向かったレスラーやプロモーターのブラックリストを作りましょうっていう話なんです。大手プロモーター同士で手を握っているから、選手個々でギャラをアップするネゴシエーションができない仕組みにもなっていたし、新規プロモーターの参入を妨害するシステムもあった。つまり談合の組織なんですね。

鹿島　談合（笑）。

斎藤　それでトラブルを起こした選手がいれば、お互いに連絡を取り合って、どこのプロモーターも使わないようにしようとかね。発想としてはカルテルですよ。

鹿島　いや〜、「世界最高峰のNWA」とはイメージがだいぶ違いますね。NWAとは田舎のプロモーター同士の「組合」であり、また「談合カルテル」という側面も持っていたと。

斎藤　だから実際、1956年には米司法省から独占禁止法違反、公正取引法違反の疑いでNWAは告発されていて、裁判所から改善命令が出されています。

――独禁法違反を告発されたNWAを、日本で独占していたのが馬場さんだったんですね（笑）。

入門

鹿島　全日本は、平成元年に「独占」というポスターを作ってましたけど、昔からそうだったという（笑）。

――そのNWAができる前は、アメリカ各地にチャンピオンがいて、NWAと名のつかない世界チャンピオンもいたんですよね？

斎藤　そうです。エド・ストラングラー・ルイスが1920年代に全米を統一しようとしたし、ジム・ロンドスの時代にも全米を統一したわけですよ。それぞれ違う団体で。それはいずれもワールドチャンピオンで、1948年に誕生したNWAも、それをやろうとしたと思うんですね。また、「NWA」という名称も1948年に初めて付けられたわけじゃなくて、ピンキー・ジョージというアイオワのプロモーターがその数年前からすでに使っていた名前なんです。そのピンキー・ジョージは、NWA創立メンバーのひとりで、「あっ、いいじゃん。その名前にしよう!」ってことでNWAというのをそのまま使うことになったと。

鹿島　では、1948年にスタートしたNWAの本当の初代世界チャンピオンは誰になるんですか？

斎藤　最初はオービル・ブラウンというチャンピオンがいたんです。この人はNWAが発足した時に参画したプロモーターのひとりでもあって。

――馬場、猪木と同様に、レスラー兼プロモーターなんですね。

斎藤　そして同じ時期に、NWAを名乗るもうひとつの別組織があったんです。ナショナル・レスリング・アソシエーションという、プロボクシングと並ぶ全米体育協会の下部組織みたいな感じで、プロレスのチャンピオンをニューヨークで認めていたことがあって。そのチャンピオンがルー・テーズだったんです。

鹿島　もう、その時点でルー・テーズも世界チャンピオンだったんですか。

斎藤　だから「旧NWA王者ルー・テーズと、新NWA王者オービル・ブラウンで統一戦をやって、新しい世界チャンピオンを作りましょう、それは素晴らしいビジネスになる」っていう話になったんです。ところが、オービル・ブラウンが自動車事故に遭ってケガをしたことで、統一戦をやることができず、1949年11月にルー・テーズがそのまま繰り上がった。そういう系譜を突き詰めていけば、初代NWA世界チャンピオンはルー・テーズから数えるのが正しいのかな、とは思います。

「もともと力道山が追い求めていたのは、NWAではなくて〝世界王者ルー・テーズが持つ黄金のベルト〟だったと思う」（斎藤）

鹿島　なるほど。そういう経緯があったんですね。

斎藤　では、なぜルー・テーズを初代世界王者とせず、フランク・ゴッチやエド・ストラングラー・ルイス、ジム・ロンドスらがいつのまにかNWAの系譜に名を連ねるようになったかというと、これはサム・マソニックさんの〝仕業〟なんですよ。セントルイスのキール・オーディトリアムの定期戦で売られていたパンフレットに掲載されていた、ワールドチャンピオンの歴史や系譜っていうのは、フランク・ゴッチから書かれてあったんです。自分たちで勝手につなげちゃったんですよ。

鹿島　そこはやっぱり箔付けっていうことですか？

斎藤　あとは自分たちの正当性を暗に主張したんでしょう。

――全日本で使われていたベルトが、ＰＷＦもインターナショナルも、力道山ゆかりのベルトであるのと同じですよね。その事実を持って「ジャイアント馬場が力道山の正統後継者である」みたいな。

鹿島　なるほどな～。

斎藤　だから世界王者のルーツを辿ることで年表上はつなげましたということで、マソニックさんには歴史をでっち上げたという感覚はあまりなかったと思います。「ボクらは正統だから、フランク・ゴッチまでさかのぼりますよ」というだけでね。それで昭和30年代の日本のプロレスマスコミは、結果的にセントルイスのパンフレットをそのまま訳しちゃったんです。

鹿島　マソニック史観をそのままいただいちゃったわけですね。

斎藤　当時はそのあたりのディテールを調べる人がいませんでしたから。おそらく、英語の資料を読み込んで調べていたのは、田鶴浜弘先生くらいだったと思います。いまでもそうだと思うけど、ある情報が開示されてその情報がメジャーなものになると、ほかのマスコミがみんなでそれをコピペするじゃないですか。だから初代ＮＷＡ世界王者をフランク・ゴッチとして始まる系譜が、なんの疑いもなく広まってしまった。それで第90何代ＮＷＡ世界チャンピオンといった誤った記録まで出てきちゃって、90何人なんていないですよ。

――最近の系譜だと第１３２代ＮＷＡ世界王者までいるらしいですからね（笑）。

鹿島　ずいぶん増えたな～（笑）。では、サム・マソニックが作った系譜が日本に輸入されて、自然に幻想が膨らんでいった感じですかね。

斎藤　おそらく、日本におけるＮＷＡ幻想が本格的に始まったのは比較的遅くて、ＮＷＡ発足から20年以上経った、１９６９年に旧日本プロレスに初来日したドリー・ファンク・ジュニアからなんですよ。

鹿島　馬場さんと猪木さんが連続挑戦したという、あのときですか。

斎藤　じゃあ、ドリーさんが初めて日本に来たＮＷＡ世界王者かというとそうではなくて、最初にやってきた現役の世界王者は、やっぱりルー・テーズなんです。８年間もＮＷＡ王座を守ったまま無敵の世界チャンピオンとして１９５７年（昭和32年）に初めて日本にやってきて、後楽園球場で力道山と60分フルタイムをやるじゃないですか。あの当時のどの資料、どの新聞記事を見ても「ＮＷＡ」という三文字は一度も現れていないんですよね。シンプルに「世界選手権」なんですよ。

鹿島　そうか。でも、世界選手権って新聞が報道することで、プロレスにも世界的な協会のようなものがあるんだなって、想像しますよね。

斎藤　でも、１９５７年のルー・テーズ以降は力道山時代にＮＷＡ世界王者として来日する人はいなくて、１９６２年（昭和37年）になるとロサンゼルスのＷＷＡと提携して、力道山vsフレッド・ブラッシーのWWA世界タイトルマッチが、ロサンゼルスと東京の二都物語として行われる。いつの間にか、日本では〝世界王座〟がNWAからWWAにすり替わっていたんです。

鹿島　それはNWAと何かあったんですか？

斎藤　もともと力道山が追い求めていたのは、「NWA」ではなくて「世界王者ルー・テーズが持つ黄金のベルト」だったと思うんです。

鹿島　なるほど。「NWA世界王座」そのものより、「世界王者ルー・テーズが持つベルト」のほうが、力道山のなかで価値が上だったわけですね。

斎藤　だからルー・テーズからディック・ハットン、パット・オコーナー、バディ・ロジャースと王座が移動していくと、わざわざNWAのチャンピオンを日本に呼んでまで、力道山が挑戦者の立場になるものではなかったのかもしれない。

――王者の中の王者であるルー・テーズなら、力道山が引き分けで王座奪取できなくても様になるけど、それ以外の選手では、王座移動がないのにわざわざ呼ぶ必然性がないわけですね。それだったら無敵のインターナショナル王者として防衛戦をやっていたほうがいいという。

斎藤　あとは、当時のNWA世界王者は主に中西部から南部を中心にサーキットしていたので、物理的にも手が届かない距離にあったこともひとつの理由だと思います。当時、日本プロレスのシリーズに参戦していた外国人レスラーを見ると、やはりグレート東郷のブッキングで西海岸のカリフォルニアから来ている選手ばっかりなんですよ。ハワイとカリフォルニアを「アメリカ」と呼んでいたような感じもあって（笑）。

――あの頃は、ニューヨークから東京への直行便なんかないし、だいたいロサンゼルスから、ハワイ経由で来日していたんですよね。

斎藤　そう。昔の飛行機はハワイで一度給油していたんですよね。だから日本にとってハワイがもっとも近いアメリカで、米本土といってもカリフォルニア。力道山が大相撲からプロレスに転向してアメリカ修行に行った先もサンフランシスコでしたし、シャープ兄弟もサンフランシスコから来ましたから。

鹿島　60年代に日本がビジネスできるアメリカというのは、地理的に言って、ハワイかロサンゼルス、サンフランシスコぐらいまでだった、ということなんですね。

「組合の慰安旅行だったNWA総会を、日本のプロレスファンは各国の首脳が集まるサミットのようなものに脳内変換していたわけか（笑）」（鹿島）

斎藤　だからAWA世界王者のバーン・ガニアや、WWWF（現WWE）世界王者のブルーノ・サンマルチノが来るのもずいぶんあとになってからなんです。60年代は北部ミネソタも東海岸ニューヨークもまだまだ日本からは遠かったんでしょう。力道山の死後、日本プロレスに外国人レスラーをずっと送っていたブッカーのミスター・モトさんはロサンゼルス在住でしたしね。それもあってか、日本人レスラーが海外でタイトルマッチをやるときは、猪木さんがUNヘビー級王座を獲るにしても、ジャイアント馬場&坂口征二がザ・ファンクスからインタータッグを奪回するのも、かならずロサンゼルスのオリンピック・オーデトリアムなんです。

——なぜかいつもそこっていう（笑）。

鹿島　地理的問題があったというのはおもしろいなあ（笑）。

斎藤　だからＮＷＡ幻想というのは、もっとアメリカから日本に来やすくなる70年代に入ってから、馬場ー猪木時代に再燃するわけです。

鹿島　そこからＮＷＡ総会なんかにも出席するようになるわけですもんね。

斎藤　毎年夏に行われるＮＷＡ総会というのが、また幻想が膨らむことがいっぱいあったんですよ。スーツを着た全米各地の大物プロモーターが一堂に集まってね。その開催場所はラスベガスですから、いま思えば慰安旅行ですよ（笑）。

——組合の慰安旅行（笑）。

鹿島　日本でいえば、組合員が熱海に集まるみたいなことですよね（笑）。

斎藤　金土日ってラスベガスに泊まってギャンブルをやって、お酒を飲んで、うまいものを食べたんでしょう。おそらく根詰めてシリアスな会議なんかやっていなかったのでしょうね。ラスベガスですもん、ショーとか見ちゃってたんでしょう。

鹿島　熱海でストリップを見ちゃうみたいな（笑）。総会という名の1年に一度の慰安旅行なんですね。

斎藤　そうじゃないと、あの広いアメリカじゅう、さらにカナダとかからプロモーターが集まる機会なんてないですからね。大物プロモーターたちが年に一度、一堂に会して、あの集合写真を撮るだけでもそれはそれでいいじゃないですか。

鹿島　その組合の慰安旅行だったＮＷＡ総会を、我々日本のプロレスファンは、各国の首脳が集まるサミットのようなものに脳内変換していたわけですね（笑）。

斎藤　『ゴング』ではＮＷＡ総会がカラーグラビアに載っていて、そこでは〝アラビアの怪人〟ザ・シークもデトロイトのプロモーターとしてちゃんとスーツを着て出席していたりして、そういう特別感がよかったんですよね。プロモーターたちは、みんな奥さんも連れてきていて、奥さん同士でショッピングなんかにも出かけたんでしょう。だからラスベガスは、落ち合うには最高の場所だったんでしょうね。

鹿島　これがＮＷＡ本部があるミズーリ州で総会をやっても、誰も来ないだろうっていう（笑）。

——「あんな田舎に行ってられるか！」って（笑）。

斎藤　ＮＷＡも最後の頃はプエルトリコで総会をやることもありましたけど、あそこはビーチリゾートですからね。

鹿島　まさに熱海ですね（笑）。

斎藤　そういったことは、ボクらも大人になってから「そうだったんだろうな」とわかるようになるけど、べつに少年時代にまんまと騙されたとは思っていないし。いまボクらはＮＷＡという壮大な物語をエンジョイできるようになっているじゃないですか。

鹿島　事実はこうだとしても、べつに悪いことだとは思わないですよね。あの頃ときめいたことは、それによって色褪せることはない。

斎藤　いまでも「世界最高峰のＮＷＡ」という物語を絶対視する年季の入った中年ファンはたくさんいますけど、ひとつのこだわりとしてはいいんじゃないかと思います。「ウルトラマンは誰々までしかウルトラマンとは呼べない」とか、「仮面ライダーと呼べるのは1号と2号だけ」とか、そういうこだわりがあるのがマニアですから。

鹿島　「世界最高峰のＮＷＡ」という幻想が、馬場と猪木の競い合うもとになったこともたしかですしね。また新日本はＮＷＡになかなか加盟できなかったけど、ＮＷＡのジュニアヘビー級王座は藤波さんやタイガーマスクが獲ったりするのもおもしろいし。

斎藤　あのＮＷＡジュニア王座を藤波さんやタイガーマスクが獲るというのは、新日本とＮＷＡフロリダの関係からなんですね。

鹿島　セントルイスのＮＷＡ本部ではなく、ＮＷＡフロリダですか！　また別の展開があるんですね。いや～、底なし沼だ（笑）。

――では、ページの都合もありますので、ＮＷＡと日本の関係のさらに深い話は、引き続き次号でやりましょう！

プチ鹿島
1970年5月23日生まれ、長野県千曲市出身。お笑い芸人、コラムニスト。
大阪芸術大学卒業後、芸人活動を開始。時事ネタと見立てを得意とする芸風で、新聞、雑誌などを多数寄稿する。TBSラジオ『東京ポッド許可局』『荒川強啓 デイ・キャッチ！』出演、テレビ朝日系『サンデーステーション』にレギュラー出演中。著書に『うそ社説』『うそ社説2』（いずれもボイジャー）、『教養としてのプロレス』（双葉文庫）、『芸人式新聞の読み方』（幻冬舎）、『プロレスを見れば世の中がわかる』（宝島社）などがある。本誌でも人気コラム『俺の人生にも、一度くらい幸せなコラムがあってもいい。』を連載中。

斎藤文彦
1962年1月1日生まれ、東京都杉並区出身。プロレスライター、コラムニスト、大学講師。アメリカミネソタ州オーガズバーグ大学教養学部卒、早稲田大学大学院スポーツ科学学術院スポーツ科学研究科修士課程修了、筑波大学大学院人間総合科学研究所体育科学専攻博士後期課程満期。プロレスラーの海外武者修行に憧れ17歳で渡米して1981年より取材活動をスタート。『週刊プロレス』では創刊時から執筆。近著に『プロレス入門』『プロレス入門II』（いずれもビジネス社）、『フミ・サイトーのアメリカン・プロレス講座』（電波社）、『昭和プロレス正史 上下巻』（イースト・プレス）などがある。

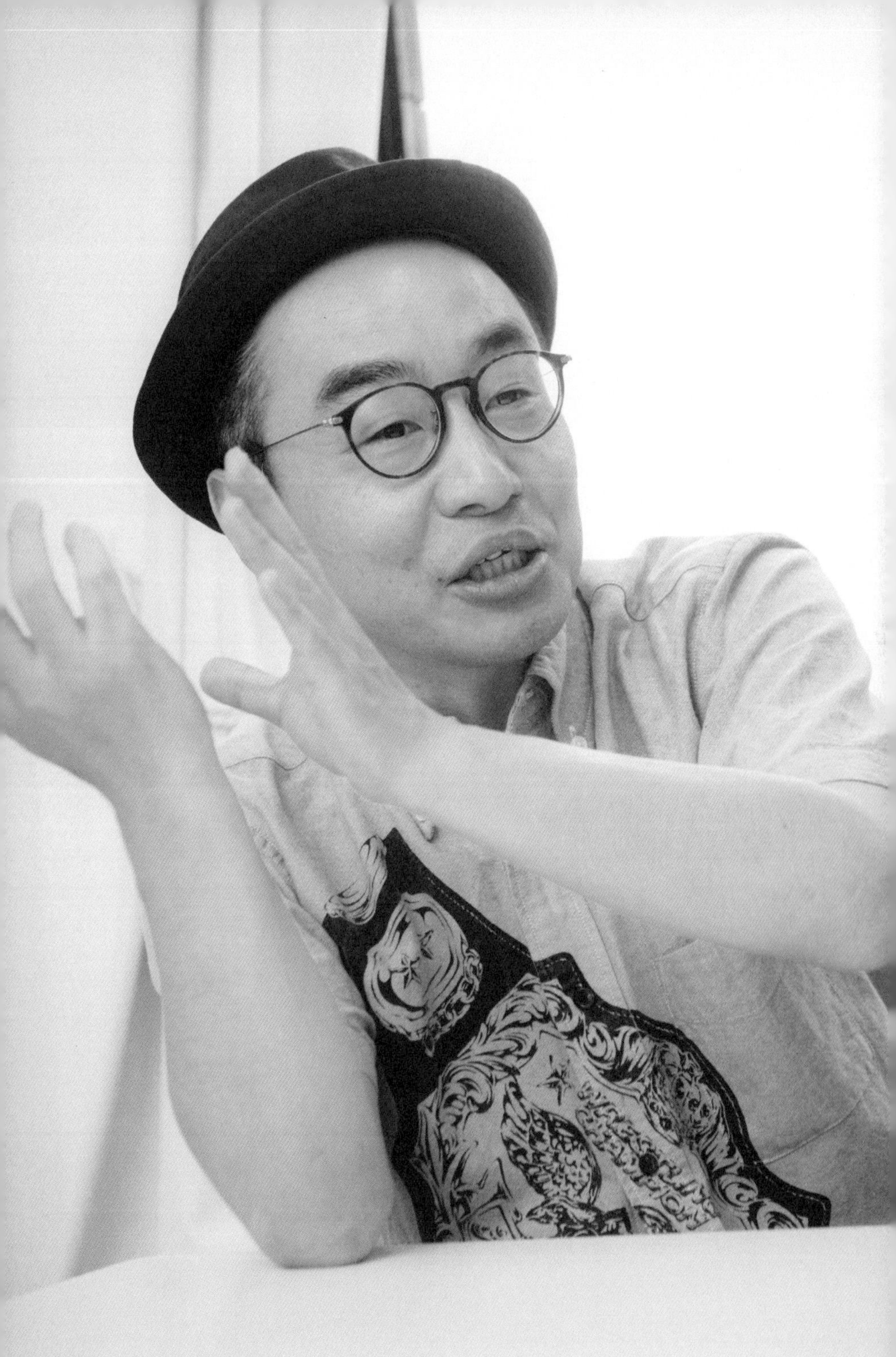

THE PEHLWANS

［五木田智央］
TARZAN Tシャツ

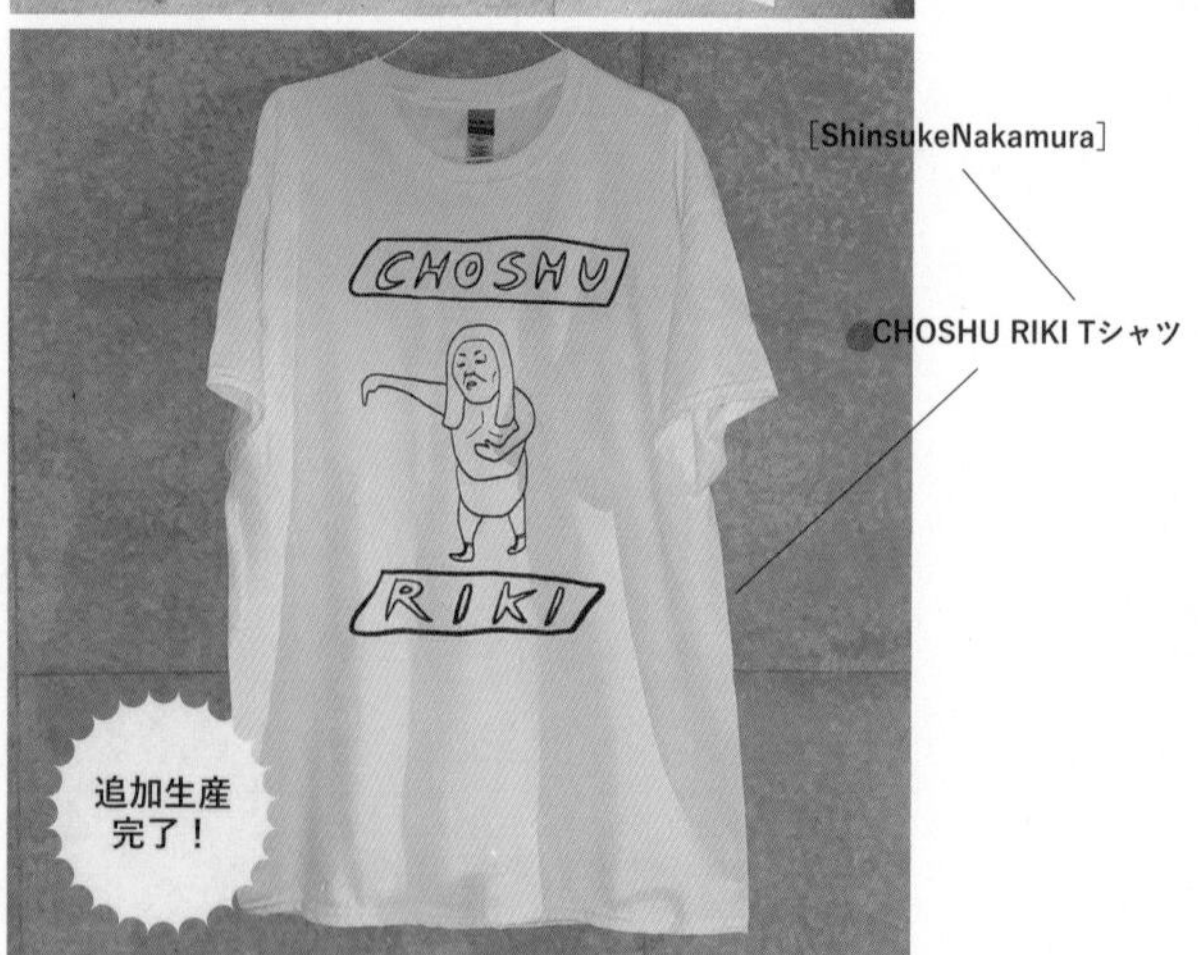

［ShinsukeNakamura］
CHOSHU RIKI Tシャツ

https://thepehlwans.stores.jp

中邑画伯のぬりえコーナー

第27回『サンタフェ』

6月30日発売の『ほんとうの長州力』(辰巳出版)。『KAMINOGE』で繰り広げられた長州力vs山本をまとめた一冊なんですが、なんとそのカバー用のイラストを中邑画伯が描いてくださいました!! 中邑画伯のLINEスタンプも発売中なので要チェック！

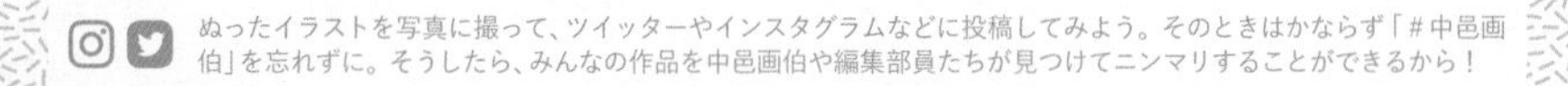
ぬったイラストを写真に撮って、ツイッターやインスタグラムなどに投稿してみよう。そのときはかならず「＃中邑画伯」を忘れずに。そうしたら、みんなの作品を中邑画伯や編集部員たちが見つけてニンマリすることができるから！

SEE YOU NEXT TIME

立ち技格闘技に従事すること30年の節目に
突然のK-1退職！

「運よく、この業界で
30年メシを食うことができて、
そういう意味では
幸せだったのかなと思いますね。
そして『さよならだけが人生だ』と。
この言葉の意味がよくわかって
いないいんですけどね（笑）」

宮田充

収録日：2020年6月12日　撮影：タイコウクニヨシ
写真：©K-1　聞き手：井上崇宏

「みんな温かいというか、なんか故人を扱うかのようなやさしさに包まれていて……（笑）」

――宮田さん、ボクはもうビックリしましたよ。

宮田　それはボクの件ですか？

――そうですよ。K-1を退社されると聞きまして。

宮田　そうですね。6月15日が最後の出勤で、そのあと6月28日のＫｒｕｓｈの新宿ＦＡＣＥ大会が最後の現場になります。公には6月1日にツイッターやフェイスブックで辞めることを書かせていただいたんですけど、もちろん関係者の方やお世話になった方々には事前にご報告させていただきました。

――どうしてまた、辞められることにしたんですか？

宮田　なんでしょうね、「もういいかな」と思ったんですね。夜中にちょっと考えごとをしていて1時くらいですかね、「よし、辞めよう」と決めて、翌朝にはもう会社にも話をしまして。それがゴールデンウイークが明けてからしばらくしてのことでしたので、5月病みたいな感じですよ。格闘技業界は今年31年目だったんですけど（笑）。

――31年目の5月病（笑）。それで、次は何をされるんですか？

宮田　それがホントに何も決まっていないんですよ（笑）。

――マジですか。宮田さんはボクよりもちょっと歳上の、この業界における大先輩であり、生き字引だったわけですけど。

宮田　１９９０年に全日本キックに入ったので、今年の1月で満30年だったんですよ。

――『ど根性ガエル』の町田先生だって教師生活25年ですよ。あんなにおじいちゃんに見えていた人でたった25年（笑）。

宮田　あの人、いつも泣いてましたよね。「教師生活25年、こんな経験したことがない！」みたいな（笑）。

――『ど根性ガエル』って、２０１５年にドラマをやってたんですよね。そのとき、あの町田先生が校長になってるんですよ。宮田さんだって、本来ならこれから格闘技業界で校長的な立場になっていかなきゃいけないキャリアだったわけですよ（笑）。ボクもそうですけど、そもそも社会に出て、ほぼこの業界しか知らないわけですもんね。

宮田　あー、井上さんもそっか。

――しかもこのコロナ禍のなかで自ら会社を辞めるという。本来なら、いちばんすがりついていたい時期じゃないですか。

宮田　そうですよね。辞めることを決めたのは夜ですけど、べつにベロンベロンに酔っていたわけでもないし、ひとりで真剣に考えて決めたことなので。それで、これからどうしようっていうのは、わりといまでも考えていないんですよね。まあ、人と会ってみたりはポツポツとしているんですけど、いわゆる一般職がいいのか、また格闘技の世界がいいのか。まあ、どっちかしかないですよね。

――それはそうですよね（笑）。

宮田　そりゃそうですよね（笑）。ツイッターでも、ボクが辞めることを書いたら、みんな温かいというか、なんか故人を扱うかのようなやさしさに包まれていて……（笑）。

――みんなが「宮田さんと私」というテーマでつぶやき始めて（笑）。

宮田　「やさしかった」「いい人だった」「がんばっていたじゃないか」みたいな。選手たちからも「お世話になりました。これからもボクはがんばっていきます」って。今回、退職することを公にしようかどうか迷ったんですけど、何かしくじって辞めるわけでもないんだし、まあ書いちゃえと。それに対して、たくさんのファンの方たちから言葉をもらえたことはありがたかったですね。

「ボクが考えた〝魔裟斗〟ってリングネームを『こんなバカみたいな名前は冗談じゃない』と本人が凄い怒った」

――アハハハハ。宮田さんはいまおいくつですか？

宮田　52ですね。

――それこそ少年時代のプロレスファンから始まり、たぶんプロレスや格闘技の豊潤な時代も、低迷していた時代もすべて見てきている世代じゃないですか。UWFとかK-1、総合格闘技が立ち上がる瞬間も見てますし。

宮田　たしかにそうですね。1981年の春からプロレスを観始めて、そこから数えたら39年ですからね。

――宮田さんが格闘技界で果たしたとんでもない偉業はたくさんありますけど、あの「魔裟斗」というリングネームを命名したということは、後世にまで語り継ぎたいですよね（笑）。

宮田　いちばん最初に挙げられるのがそれなんですね（笑）。でも、魔裟斗がテレビに出たときなんかは「ジムの会長がつけた」ってことになってたりするんですけど、一応考えたのはたしかに自分なんですよ。彼は1997年3月デビューなんですけど、その前の年かな。藤ジムの加藤重夫会長が「ボクシングをやっていた子で凄いのがいるんだ」ってことで連れてきて、全日本キックのプロテストを不真面目な感じで受けていたんですけど、スパーでもパンチのKOで一発合格して。それでデビューのときに、いわゆる申請書というか、当時はFAXで身の上の情報を送ってもらっていたんですけど、そこに彼の本名が書いてあって、リングネームを書く欄に「マサト」って書いてあったんですよ。

――カタカナで。

宮田　ええ。それで「ああ、あのときの子か。デビューするんだ」と。当時のボクはマッチメーカーではなかったんですけ

西武

ど、会長に連絡をして「この〝マサト〟ってリングネームは本人の希望なんですか?」って聞いたら、「いやほら、本名が小林雅人だから、小林っていうとトップに小林聡がいるし、俺らは『マサト、マサト』って呼んでるから、これでいいかなと思ってさ」って言っていて。「本人もこれでいいんですか?」って聞いたら、「本人がいいかどうかはもういいよ。練習に来たり来なかったりしているヤツだから、このままマサトでいっちゃてください」って。そこでボクが「ちょっと会長、たとえばですけどボクが考えてみてもいいですか?」と言ったんですよ。

――なんでもいいっていうのなら。

宮田 「あの子ってマスクもいいし、プロテストでも右で倒してたからけっこうおもしろいと思うんですよ。会長も買ってるじゃないですか。だからリングネームをちょっと考えさせてください」って言ったら、「ああもう、全然。そういうふうに考えてくださるのであればぜひ」となって。それがちょうどお昼くらいのやりとりで、その日はヤンジャンかなんかの雑誌編集者と昼メシを食う約束をしていたので、その前に急いで5パターンくらい漢字の当て字を考えたんですよ。不良だって聞いてたから、あえて暴走族みたいなのがいいかなって。それで、その編集の人にFAXを送って、「いま選手のリングネームを考えていて、あとで昼メシを食うときに意見を聞かせてくださいよ」って。それでメシを食ってるときに「一番上のこれがいいんじゃないですか?」「そうですよね。じゃあ、これで」って。

――そうして決まったのが「魔裟斗」と。

宮田 30分くらい一生懸命考えて、会長に「これでいきたいと思います」って言ったら、「ああ、わかりました。本人に言っておきます」って。そうしたら自分のリングネームが「魔裟斗」に決まったと知った本人が凄い怒ってると(笑)。

――えっ(笑)。

宮田 会長から電話があって、「『こんなバカみたいな名前は冗談じゃない』って言ってて、『だったらやんねー』って怒ってるんですよ」と。それでも「おまえ、連盟の人がせっかく一生懸命考えてくれたんだから、変えることはできないよ。もう、それで書いて提出しちゃったし」って言ったみたいなんですけど、べつに変えることはできるんですよね(笑)。まあ、それから魔裟斗はどんどん勝って、登りつめていったっていう話ですね。

――いつしか本人もその名前にしっくりときて。

宮田 でも最初はそうやって不服だったみたいですけど(笑)。

――まあ、長州力みたいなことですよね。「なんで俺、こんな名前なんだよ?」っていう(笑)。

宮田 しかし、もっともっと汗をかいたり、苦労した仕事は

K-1

いっぱいあるんですけど、最初にこれを挙げていただいたのはありがたいですね（笑）。魔裟斗くんが活躍したからこそですね。

「ボクがみんなから愛されている？いや、笑われてるんじゃないですか？（笑）」

――これは魔裟斗さんも宮田さんもまったく記憶に残っていないことだと思うんですけど、魔裟斗のTシャツを最初に作ったのはボクなんですよ（笑）。

宮田　えっ、そうでしたっけ？

――そうですよ。宮田さんから頼まれたんですよ。それで3人で会ったじゃないですか。

宮田　ああ、はいはい、背中にオオカミのやつありましたね。じゃあ、ボクたちってその頃から面識があったんですね。

――あったんですよ。あと、宮田さんはもともとプロレスファンですから、格闘技を競技ではなく興行だと捉えていた視点も素晴らしかったですよね。

宮田　っていう考えの人はいっぱいいるじゃないですか！（笑）。

――そうですかね（笑）。

宮田　プロ格闘技興行という視点でいくと、キックボクシングを日本に根づかせた野口修さんと、K-1を作った石井館長が先駆者ですよね。だけどボクって、自分で「こういうことをやりたいんだ」って決めてやり始めたのは、グッドルーザーを作った2009年からですからね。それまでに2回の転機があって、1997年10月に最初に勤めていた会社（全日本キック）が倒産したんですよ。入社して7年が経っていたのに、9～10人いるスタッフの中でボクはずっとペーペーだったんですけど、それで翌年の1月から「別のスポンサーをつけてやるぞ」となったときに、会長だった金田（敏男）さんとボクの間にいた人たちが、べつの仕事を見つけちゃっていてダルマ落としみたいに全部抜けちゃったんですよ。それでもう2人でキャプテンとリーダーみたいな感じになって。

――藤原組に残った藤原組長と石川雄規みたいな（笑）。

宮田　まさにそうですね（笑）。それで初めてマッチメイクをやったり、興行のことをやり始めたんですよ。そこから12年くらい、興行部長としてマッチメイクもやるし、チケットも売るし、ってことをホントに初めてひとりでやってみたんですよ。そうやっているうちにスタッフも増えてきてっていうところで、2009年に金田が逮捕されちゃったじゃないですか。それで自分で会社を作らなきゃいけなくなったというひとつ目の転機があって。だから、自分にさまざまな責任も伴った最初の仕事は、Krushということになるんですかね。自分の会社で作ったKrushというイベントを、なんとか成功させなきゃということでがんばらなきゃいけなかったんですよね。

まあ、あとボクがこの業界でやった仕事って、K-1の会見で選手の乱闘を止めたとか、それくらいじゃないですかね？

――藤原組やパンクラスのリングアナもやられていましたし。

宮田　特にパンクラスでは尾崎（允実）社長のおかげで、15年リングアナをやらせてもらいましたからね。あれはいい経験になりましたね。いろんなところにも行けたし、大きな会場でやったりとか、イベントとしても洗練されていたので、間近で見ていて勉強になりましたよね。ボクがやっていたのは後楽園ベースの全日本キックだったりしたので、「ああ、こうやるんだな」って。

――公然と現場を見ることができますよね。

宮田　それはいい体験をさせてもらったなと思いますね。

――宮田さんって、業界のみんなから愛されていますよね。

宮田　愛されてるっていうか、笑われてるんじゃないですか？（笑）。まあ、長くやっているし、いい歳だからいろんなことが許されているんじゃないですか。

「Krushで選手が育ってきてくれて、お客さんが増え始めてきたときは楽しかったですね」

――業界の後輩という立場として聞きたいんですけど、この業界に30年にいて、まだまだ新しい挑戦ができるぞっていう予感みたいなものはあったりしましたか？

宮田　それは、これまでやっていないことで？

――同じ仕事を20年、30年とやっていれば、仕事の型みたいなのも固まっちゃうし、あと単純に歳を取ると若いときよりもフットワークが重いじゃないですか。頭の回転も遅かったりして。

宮田　あっ、たぶん、それを皮膚感覚で感じたので今回辞めるんじゃないですかね？　自分で「もういいかな」って思ったっていうのは。そう感じたのにずっといるって、なんかしがみついているみたいで嫌じゃないですか。でも家族もいるし、何かでメシを食っていかなきゃいけないので、ぼちぼち次のことを考えようかなってところですね。

――格闘技業界でのいちばんの思い出ってなんですか？

宮田　いちばんの思い出……。いつもバタバタしていた記憶しかないんですけど、なんだろうなあ。うまくいったこともいい思い出だし、うまくいかなかったこともいい思い出なんですけど、やっぱりタイとかに日本人選手を遠征試合で連れて行って、ルンピニーやラジャダムナン、テレビマッチとかで勝ったりしたときですかね。

――あー。それは熱くなれたでしょうね。

宮田　国内だとボクはリングアナだったし、後半はプロモーターとして本部席にいるので、感情を表に出せないじゃないですか。たとえば対外国人選手であっても応援したりしちゃいけないですけど、それがバンコクに乗り込むと、精一杯応援ができるんですよね（笑）。

――声を出して。

宮田　そこで日本人選手が勝つと、やっぱスカッとしますよね。そんなに凄いムエタイのタイトルマッチとまではいかなくても、一緒にやってきた選手がタイで勇敢に闘って、判定だろうがKOだろうが勝ったときっていうのは、本気で拳を突き合わせるみたいな。20代の頃でしたけど楽しかったですね。土屋ジョーが勝ったりとか、前田の憲ちゃん（前田憲作）が勝ったりとか。石川直生や山本元気と行ったこともありましたね。あのムエタイを追っていた頃はおもしろかったですね。

――純粋なキックファンに戻れる瞬間でもあったんでしょうね。

宮田　あとはＫｒｕｓｈを始めて、お客さんが増えてきたときも嬉しかったですよね。ちょうどK-1で-63キロの軽量級が始まった時期で、ボクも会社を作ってとりあえずやるかってなったんですけど、わりと早い段階で「これ、1年後はわからないぞ」っていうか、やっても儲からないっていうのがひしひしとわかってくるんですよ。「そうかそうか、会場費を払わなきゃいけないな」「ファイトマネーを払わなきゃいけないな」とか「入ってくるお金はこれだけしかないんだ!?」「じゃあ、約束していた日にカネが入れられないときは、先に連絡を入れなきゃいけないな」みたいな（笑）。

――お金が回っていないときのプレッシャーって、めちゃくちゃしんどいですよね。

宮田　それが選手が育ってきてくれて、お客さんが増え始めてきたときは楽しかったですね。そのときに初代のベルトを作ったり、震災で興行が延期になったことがあるんですけど、晴れて開催となったその興行に選手がみんな出てくれて、野杁（正明）と〝狂拳〟竹内（裕二）がダブルノックダウンした試合とか凄い盛り上がったので、あのあたりから後楽園がいっぱいになって、「Ｋｒｕｓｈっておもしろいんだってね」っていう声が聞こえるようにもなり。あのＫｒｕｓｈが上がっていくときはとても楽しかったですね。あ、真面目な答えになっちゃってすいません。

――いや、真面目でいいんですよ（笑）。なんか話を聞いていると、余計にしんみりしてきちゃいますね。

宮田　そんなこと思っていないでしょ（笑）。

「RISE？　まあ、履歴書を持っていけば話ぐらいは聞いてくれるかもしれないですけど（笑）」

――思ってますよ！　ただまあ、急に辞めるなんて「宮田さんらしいな」とも思います。もともと性格がトンパチですもんね。

宮田　らしいなって思いました？

――思いました。しかも、次を何も決めていないと聞いて、「ああ、病気が始まったな」と思いました（笑）。

宮田　ボクって、そんな前科ありましたっけ？（笑）。

――いえ、これはプロレス者全般にかかる病です。

宮田　プロレスが好きな人は、みんなこういうクセがある？

――ありますね。子どもの頃から電撃移籍とか電撃離脱、電撃退団などを見すぎてきたせいで、感覚が麻痺しているというか、自分も何をやってもどうにかなると思っているというか。それと観客席の視点から見ているもうひとりの自分に囃し立てられるように行動を起こす病の人も多いです（笑）。

宮田　そうなんですか。それは自覚がなかったですね（笑）。

――そういう意味で言うと、宮田さんがこのままあっさりと業界からフェードアウトしていくっていうのは、ちょっと考えにくいところではあるんですけどね。

宮田　今回はあくまでも自分の心の中で「辞めよう」と思って、本当に辞めるってだけの段階ですから、先のことは何も決まっていない状態ですけど、またこういう仕事をするのかもしれないし。

――この業界に残る可能性もあります？

宮田　でも自分でもホントにまったくわからないです。

――たとえばＲＩＳＥに行くとか。

宮田　…………（空を見つめる）。

――あれ？　宮田さん、マジであります？

宮田　いやいや、違いますよ。ないです、ないです。伊藤（隆）さんとは何も話していないですよ。まあ、履歴書を持っていけば話ぐらいは聞いてくれるかもしれないですけど（笑）。

――「あれ？　経験者だよね？」って（笑）。

宮田　「一応やったことあります！」って（笑）。

――ぶっちゃけ、ＲＩＳＥの伊藤代表とはどういう関係なんですか？

宮田　伊藤さんとはそんなに会話をしたことがないですね。それこそＫ-1 ＷＯＲＬＤ ＭＡＸの会場で顔を合わせるくらいだったというか。あと、ＦＥＧがしんどくなったときに谷川さんに引き合わされて1興行ずつで選手の貸し借りをしたことがあったんですよ。それはなんかねえ、べつにこっちはこっちでＫ-1に出すしっていう。あっ、これは言ってもいいのかな？　伊藤さんとボクで石井館長に呼ばれたことがあるんですよ。

――ほう。いつ頃の話ですか？

宮田　まだＫ-1をＦＥＧでやっていたときですね。それで館長から「キミたちがＫ-1をやればいいんだよ」って言われたんですよ。

「立ち技で元ファイターじゃないプロモーターって少ないと思う。だけどボクは格闘技経験がゼロだった」

――えっ、宮田さんと伊藤さんで?

宮田　「谷川くんもがんばってやってるけど、キミたちがやったほうがいいんじゃない?」って。「RISEでしょ、Krushでしょ。そうやって選手を育てているのはキミたちなんだからさ、キミたちがそれぞれK-1をやってくれるような流れになってくれるとボクはいいなあ」って。あれはなんだったんだろう?　それで帰り道に伊藤さんとてくてく歩きながら、「どうします?」「いや、ないっしょ」、「ないっスよねえ」「いいですよ、そちらでやってもらっても」「いやいやいや」みたいな（笑）。そんなことがありましたね。

――へえー!　っていうか、宮田さんと伊藤さんってわりと似た者同士ですよね。

宮田　でも、あの人は短気なんじゃないですか?

――いや、宮田さんも短気ですよ（笑）。

宮田　ボクは短気じゃないですよ。でも伊藤さんは身体がデカいから怖いイメージがありますね。

――立ち技系の関係者って、わりとみんな心意気で動くというか、熱い人が多いですよね。なんかあるとすぐにカッカするし。

宮田　でもボクは元ファイターではないじゃないですか。立ち技で元ファイターじゃないプロモーターって少ないと思うんですよね。ボクは格闘技経験ゼロなので。

――だからキック系の関係者の人たちって、みんな強いか弱いかで人を見るとこありません？

宮田　えっ、ホントですか？

――ホントです。キック系の人たちの視線って「どんな時計をしてるのかな？」じゃないんですよ。身体つきとかを見て「コイツ、なんかスポーツやったことあるのかな？」なんですよ（笑）。

宮田　それとプロモーター兼ジムの会長っていう人が多いので、ジムに見学に来た人とか、入会申込書を見て「コイツはどれだけ続くかな？」「この子は親が金持ちかな？」みたいな視点も持ちつつ（笑）。あー、でもたしかに職業病じゃないですけど、いろんな部分で「強くあれ」っていうのはあるんじゃないですかね。

――「強くあれ」っていうマインドがありますよね。だから宮田さんは異分子なんですよ。そこにプロレスのマインドを持ち込んだわけですからね。受けの美学というか。

宮田　そうかもしれないですね。ボクはどっちかと言うと、この仕事は頭を下げるのが仕事だと思っていたので。マッチメイクをするときもそうですし、プロモーターが偉いだなんて全然思ったこともないし、立場にモノを言わせて仕事をしたつもりもないんですよね。プロモーターっていうのは、なんとかそつなく、事故なくイベントを終えてはじめて次ができると思うんですね。だから今回もジムや選手のことを考えると、「自分がこうして途中で降りるのはちょっと」っていううしろめたい気持ちも多少はありますけどね。でも、それこそ「みんなもがんばって」っていうところですよね。

――本当にこの業界で30年っていうキャリアを積み上げたということが、宮田さんの最大の偉業かもしれません。

宮田　運よく、この業界で長くメシを食ってきましたよね。幸いにして、とんでもない負債を背負ってしまったとかそういうこともなかったですから、そういう意味では幸せだったのかなと思いますね。そして「さよならだけが人生だ」と。こう言っておいて、この言葉の意味がよくわからなかったりするので、今度ターザン（山本！）さんと会ったときに聞いておいてもらえますか？（笑）。

宮田充（みやた・みつる）1968年3月6日生まれ、熊本県熊本市出身。
高校卒業後、全日本プロレスのスタッフを経て、全日本キックボクシング連盟を主催するオールジャパン・エンタープライズに入社。全日本キックの広報、リングアナウンサー、興行部長を務め、興行面での中心的な役割を果たす。2009年、全日本キックの消滅にともない、Krushを主催する株式会社グッドルーザーを設立して代表を務める。2016年9月、K-1プロデューサーに就任。2020年6月、K-1を退職。

LISTEN TO POWERHALL

"山本" のときとは対応が違いすぎる!?
田崎健太の提唱するスポーツ・アイデンティティ談義!

人生はトラック競技みたいに
同じところをぐるーっと
走っているようなもん。
最後はスタート
したところに戻る
[長州力]

長州さんは
レスリング出身で、
個人スポーツなのに
集団的な考え方ができて、
チームを作るのが
うまいですよね
[田崎健太]

長州力
[吉田光雄]

田崎健太
[ノンフィクション作家]

収録日：2020年6月6日
撮影：タイコウクニヨシ　構成：井上崇宏

「学生の頃は、個人というよりはやっぱり『団体で日本一になる』っていうのがある」（長州）

田崎 長州さん、おひさしぶりです。

長州 おおっ、先生。お元気でしたか？

田崎 元気です。

長州 あいかわらずオートバイは乗ってるの？

田崎 乗っています。長州さんは最近、またいろいろとご活躍ですね。

長州 活躍？ 俺が？ ああ、ブログのことですか？ いや、ブログじゃなくて……ツイッターじゃなくて、YouTubeのことですか？

田崎 まあ、それら全部ですかね（笑）。いまYouTubeが流行っていますけど、なかなかヒットさせることは難しいって聞きますよね。

長州 もう、みんなYouTubeをやっていますよね。

田崎 こないだもある芸人さんと話をしていたんですけど、宮迫（博之）さんがうまくいっていて、TKOの木下（隆行）さんがなぜうまくいかないのか、よくわからないところがあるというか。

長州 いや、俺も芸人さんのチャンネルは好きでよく観ていますけど、宮迫さんが当たってるというのは理解できますね。あの人はずっとやっぱりしゃべりがおもしろいじゃないですか。あの人はずっとふたり（雨上がり決死隊）でやっていましたけど、相方さんのほうもYouTubeをやってみたらどうなるんだろうね？

田崎 そのへんはちゃんと研究されているんですね（笑）。だから、何をやったらどういうバズり方をするかっていうのは、まだまだ読めない、ちょっとよくわからないところがあるみたいです。

長州 だから、ウチのスタッフなんかも「とにかく、探りながら継続することが大事です」って言うんだけど、そこの言っている部分に関してはまだあまり理解できていないけど、中身に関しては俺はそんなに難しいことでもないと思っていますよ。そこで演じたり、しゃべったりっていうのはキツいものじゃないです。難しく考えてキツくしているのは、ウチのスタッフたちであって。

田崎 長州さんにとって、YouTubeはキツいものではないですか。

長州 さっき、先生が「いろいろと活躍」と言いましたけど、やっぱりこれまでのリング上のものと、リングを下りてからのギャップがありすぎるぶんのおもしろさというか。「えっ、ウソだろ？」「ここまではやらねえだろ」っていうようなリアクションを見ていたら、よくわかるんですよ。そこはまあ、スタッフたちとこれから何を打ち出していけばいいのか、日々、試行錯誤しながら考えてやっていますけどね。

田崎　長州さんは、やっぱりいまでも〝チーム〟として動いているんですね。

長州　そこは当然ですね。ただ、スタッフたちから意見を聞いて「ああ、これはこういうことか」ってちょっと理解できてきたと思ったら、またスタッフがすぐに上の段階に行っちゃうので、それを見ていくしかないですよね。ただ、「化ける」という方向性だけなら、あんまり難しいことを考えないで、意外と容易いマッチメイクをしちゃえばいけるんじゃないかなって。

田崎　マッチメイクですか。

長州　みんなが知らない俺というのは、まだ半分ぐらいいるんですよ。だからそういう俺をどうマッチメイクしていくか？　だって、自分のことは自分にしかわからないんだから（笑）。俺がよく冗談で「おまえに俺の何がわかるんだ！」って言うけど、ホントに誰にもわかんないはずですよ。下手したら親だってわかんない。

田崎　今回、『スポーツ・アイデンティティ どのスポーツを選ぶかで人生は決まる』（太田出版）という本を書いたんですよ。

長州　ああ。これ、先生がウチにも送っていただいたの？

田崎　はい。長州さんのところにもお送りしました。

長州　家のテーブルにこの本がずっと置いてあったんですよ。「なんだろ？」と思って見たら〝田崎健太〟って書いてあるから「なんでこれがここにあるんだろ？」って。２〜３日、ずっとテーブルの上に置いていたんだけど。

田崎　置きっぱなしなんですか⁉　読んでくださいよ（笑）。

長州　いやいや、自分のところだけはちょろっと読みましたよ。まあ、自分について書かれているものを俺が読んで何になるんだっていう（笑）。

田崎　長州さんの好きな野球の話とかもけっこう書いていますので、ぜひ読んでみてください。これまでボクもいろんなジャンルの人間を取材してきましたけど、どんなスポーツをやっていたか、それが集団競技なのか、個人競技なのかが、人格形成に与える影響は大きいという主旨の本なんです。

長州　だから、親は小さいうちから子どもに何をやらせたらいいのかっていう。でも、先生のこっち側のスタイル（ノンフィクション）も難しいよね。もうどこまでも探っていかなきゃいけないですもんね。

田崎　長州さんはレスリング出身で、個人スポーツなのに集団的な考え方ができる人ですよね。チームを作るのがうまいというか。

長州　だから、俺の何がわかるっていうんだ（笑）。まあ、だって大学の体育寮なんていうのはもう個人じゃないですから。あれは集団だもん。集団で自分たちがやっている競技、目標に向

かっていく。学生の頃は、個人というよりはやっぱり「団体で日本一になる」っていうのがあるから。

田崎　やっぱりそこですね。特に長州さんはキャプテンも務めていますもんね。

長州　俺がキャプテンをやった年、学校（専修大学）内でレスリング部が団体優勝の一番乗りですよ。その頃はそれを自慢したところで、べつになんの意味もなかったんだけど。

「体育会系のレスリングをやっている長州さんと、早くからプロレス少年だった佐山さんとでは感覚がけっこう違う」（田崎）

田崎　個人競技をやりながら、ほかにそういう意識を持った学生はあまりいなかったですか？

長州　いや、そんなことはないですよ。みんな同じくらいの意識があって、やっぱり最終的な目標は団体戦で「大学日本一」。そこに向かってやっていれば、個人戦でも自分の力具合やバランスがわかってきますから。そういう人たちは、また次の段階となる個人戦で目指すものがあるわけですよ。

田崎　それが、たとえばオリンピックだったり。

長州　加藤（喜代美）さんなんか異常だったもんね。

田崎　専修大学の先輩でミュンヘン五輪で金メダルを獲られた加藤さんは、まさに個の人ですよね。

長州　あの人は異常だよ（笑）。加藤さんのオリンピック出場が決まったとき、俺は「この人はメダルを獲るな」って思ったもん。

田崎　以前もそうおっしゃっていましたよね。「金じゃなくても絶対にメダルは獲ると思った」と。それはなぜですか？

長州　いや、この人が獲らなかったらメダルを獲る人間っていうのはどういうヤツなんだっていう（笑）。

田崎　練習でもひとりだけ違うところを見ている感じだったんですかね？

長州　もう俺たちとは完全に違う目標を見てましたよね。あの人の練習を見ているだけでこっちも汗がバーッと出てくるんだよ。そのぐらい殺気立っているというか。だから、そういう人がメダルを獲るんだろうなって。そのときの時代はですよ？

田崎　長州さんもオリンピックには出ていますけど。

長州　俺はあくまでも〝出場〟ですから。「ただ、出たい」っていう（笑）。いや、そりゃがんばってやってはいましたけど。

田崎　集団と個人という話で言うと、『ＳＩＤ』にも書きましたが、長州さんには集団スポーツっぽい部分が感じられたんですけど、佐山サトルさんにはあまりそういう部分を感じなかったんですね。

長州　ああ、佐山はダメ。佐山は下関だよ。

田崎　下関市出身って関係あるんですか（笑）。佐山さんも高校でちょっとだけレスリングをやっているんですよね。

長州　まあ、ちょっとかどうかはわからないけど、そうらしいね。

田崎　体育会系のレスリングをやっている長州さんと、早くからプロレス少年だった佐山さんは、けっこう違うなって思ったのが『ＳＩＤ』を書くひとつのきっかけだったんです。

長州　佐山はいろんなものに自分から興味を示す人間ですよね。新しい格闘技とか、いろんなものを作ってきたでしょ？　まあ、でも最後はタイガーマスクで終わるんですよ。ちょっと会長（アントニオ）に似たところがあるよね。

田崎　最後はプロレスラーとして。

長州　佐山も発想はいいんだろうけど、それを育てて、作り上げたというものはないんじゃないの？

田崎　ボクが思うのは、佐山さんはチームを作るのがあまりうまくないんじゃないかと。長州さんはYouTubeでもそうですけど、うまくチームを作って分担させるじゃないですか。佐山さんの場合はかつての修斗でも自分個人で突破しようとしてうまくいかなかった。個人スポーツのＳＩＤ。

長州　先生に何がわかってるっていうんだ？（笑）。

田崎　きましたね（笑）。

長州　マジで自分のことは自分にしかわからないんですよ。何とかわかるのは家族ぐらい。その家族にだって、明日いきなりボーガンで撃たれるかもわからないんだから。いまって、家族という信頼関係のなかですらボーガンでやられちゃう。その事件ひとつを取って、いまの世の中をたとえちゃいけないんだけど、「えーっ、ここまで来ちゃってるのか……」って思いますよね。投石してホームレスのお年寄りを殺した事件も一緒。俺はあれには胸を痛めましたね。しかも、犯人たちは野球をやっていたとか。そんなスポーツをやってる連中が人間に向かって石を投げるって……。

田崎　喧嘩をしなくなって、痛みがわからなくなるのかもしれないですね。

長州　昔だったらそんな言葉も通用したのかもわからないけど、やっぱり人間は痛みからは遠ざかりたいもんね。スポーツにしろ、何にしろ。痛みにも種類があるけど、そういうものじゃん。

「野球は俺らの世代はガキの頃からみんな好き。キャッチャーをやってたのはいちばん楽だと思ってた」（長州）

田崎　レスリングなんかも痛みを伴うスポーツじゃないですか。

長州　いやあ、好きでやってるから痛みっていうのは。

田崎　でもキツいですよね？

長州　ある意味でそれは心地よい痛みかもわからないですよ。

そのぶん、自分がちょっと強くなったのかなって感じる痛みでもあるし。
田崎　痛みを感じるたびに強くなる。
長州　なのに石をぶつけられて、そんな痛みが何になる？
田崎　それは長州さんが痛みを知っている人だから余計にそう思うんでしょうね。
長州　石を投げられた人の痛みっていうのは……ホントに。どういう痛みで亡くなっていったのかわからない。悔しかったでしょうね。投げてるヤツも頭に当たったら死ぬとか思わないんですかね？
田崎　昔から線路に石を置いたりするいたずらとかありましたけど、それが大ごとになるかどうかっていうのを判断する能力が以前はあったと思うんですけど、それがいまは最初から大きな石を置いてしまうみたいなことになっているかもわからないですね。
長州　そんなの、どんな物書きの人でも書けないですよ。集団で5人いて、ひとりくらいは「これはマズイぞ！　やめよう！」って言うヤツはいなかったのかな。後先を考えるとか、そういう次元でもないよなあ。胸くそ悪い。
田崎　長州さんは昔、喧嘩していたときは後先を考えていましたか？
長州　それはあるよね。でも喧嘩をすること自体、そんなに……。
田崎　周囲の証言だと、相当強かったっていう話ですけどね。
長州　ないない。相手の腹をポカッと蹴るようなのって、やっぱり子どもの喧嘩だもん。
田崎　ＳＩＤに話を戻すと、長州さんは「スポーツをやっているとある程度の社会性が身につく」という考えじゃないですか。
長州　それは間違いなくありますよ。俺だってレスリングをやっていなかったら、いまごろどういう人間になっていたか。俺の教育はスポーツから始まっていますから。
田崎　たとえば、少年時代にやっていた野球を続けていたら、どうなっていたと思いますか？
長州　そんな「もし、やっていたら」とかしゃべる年齢でもないでしょう。残りわずかだし（笑）。
田崎　長州さんの野球好きは昔からですか？
長州　野球は俺らの世代はガキの頃からみんな好きでしょ。子どもがすぐに遊べるっていったら野球くらいなもんだから。
田崎　長州さんはずっとキャッチャーだったんですよね。
長州　少年野球ではキャッチャーをやってたね。
田崎　ピッチャーではないんですよね。
長州　キャッチャーがいちばん楽だと思ってたから。いや、いいピッチャーがいたからウチのチームは強かったんですよ。アイツの名前はなんだったかなあ？　球を受けてる俺がよく突き指するくらいのね、「ああ、凄いピッチャーだなあ」って思ってましたよ。まあ、小学生だけど（笑）。

田崎　やっぱりプロ野球選手になりたかったですよね？

長州　なりたいっていうか憧れるでしょ、みんな。

田崎　当時の広島カープはそこまで強くはないですよね。

長州　べつにカープに憧れたわけじゃなく、プロになれるんだったらチームなんかどこでもいいでしょう、そんなもん（笑）。その頃は「♪背番号3〜」っていう歌が流行ってましたよ。

田崎　やっぱりヒーローは長嶋茂雄さんですか。

長州　もう有名だったからね。白黒テレビでも巨人の試合はよくやっていたし。

「ツイッターって過激になりがちじゃないですか。特に格闘家なんかはよくおかしなことを書いてる」（田崎）

田崎　でも中学では野球部には入らなかった。

長州　なんでもすんなりと思った通りには行かないんですよ。それが昭和の時代。逆にいまがいい時代かって言ったら、そりゃ便利な時代なんだろうけど、俺にとっては難しくなってきたな。携帯も使い方がいまだによくわかんないし、その動作自体がちょっとめんどくさい。これなら10円玉を入れて電話したほうがいいじゃねえかっていう。「10円玉がないからこのお札を崩して」とか俺は全然やってやるよ（笑）。電話番号だって昔はけっこう覚えてたよね。昭和の時代も便利だって言われてたけど、その頃の俺たちくらいの年代ってべつに便利でもなかったのかもわかんないね。いまの便利さっていうのはズバ抜けてるもん。コンビニに入ってタダで物を持って帰ってもいいっていう。

田崎　それはダメですよ。言わんとすることはわかりますけど（笑）。

長州　お米（お金）を出さなくても勝手にピッピで全部やっちゃうっていう。まあ、便利だろうが、便利じゃなかろうが、いまはこうやって楽しんでやっていることが仕事になってるんで。ここから自分が法律にひっかかるようなことをするとは思えないし、あえてするつもりもないし、そんなスリルを味わいたいとも思わない（笑）。

田崎　今回の本にも書きましたけど、長州さんってツイッターも破天荒にやっているように見えて、じつはちゃんとコントロールしてやられていますよね。

長州　先生、それは営業妨害でしかないぞ！（笑）。そもそも、どうして破天荒になる必要があるのか。

田崎　ツイッターって過激になりがちじゃないですか。格闘家なんかはよくおかしなことを書いてる印象がある。個人スポーツのSIDってしばしば暴走する。

長州　じゃあ、俺がそういうバカタレどもを集めて講演してや

ろうか（笑）。

田崎　ホントにやったほうがいいですよ。格闘家はちょっと……プロレスラーは比較的SNSが上手な人が多いですよね。

長州　日本は封建国家なんだから、SNSに関しても法律がしっかりしていないとね。

田崎　個人と集団でいうと何人ぐらいのチームが長州さんにとっては心地いいですか？

長州　いや、べつに人数は関係ないですね。俺はいつもバカなことばっか言ってるんだから。まともなことは少ししか言ってない。それもまともかどうかもわかんないし（笑）。

田崎　そんなことはないですよ。

長州　いや、言ってる本人がわかんねえんだから（笑）。

田崎　じゃあ、そうなんでしょうね（笑）。

長州　俺がバカなことばっか言ってることに対して、何人が耐えられるのか。それに耐えられるヤツの数が、チームの人数になってるんじゃないですかね。

田崎　娘婿の慎太郎くんはともかく、マネージャーの谷ヤン、山本さんなど、チームのメンバーを選ぶ基準ってあるんですか？

長州　べつに基準なんてないですよ。いつ去ってくれてもいいし、俺自身もいつ辞めてもいい。本人が「おまえはどういうふうに考えてここにいるのか？」っていうことですよね。だからチームなんていうのは、子どもが釣りをやっているみたいなもんで、誰かが魚を釣ったら「おー！」ってなって集まってくるようなもんだよ。で、それに飽きたらまた散らばって、なんか次のことをやろうっていう。俺自身にたいした責任感があるわけでもないから、あまり気を張りすぎることもないし。

田崎　同じチームといっても、新日本プロレス時代に現場監督としてプロレスラーをまとめていたのとはまた違いますよね。

長州　いや、一緒ですよ。そんなに変わんない。

田崎　変わらないですか？

長州　マッチメイクですから。牛や馬だって引っ叩けば動くんだから、ホントに（笑）。

田崎　プロレスラーもそうでしたか（笑）。

長州　だから「おまえ、殴られる前に動けよ？」っていうのはある。ただ、いまの仕事のメンバーは（マネージャーの）谷ヤンにしろ、慎太郎にしろ、「動けよ」って言っても動かないんだから。「もう勝手にしろ！」っていう（笑）。でも、それでいいんじゃないの？

「自分の自制がきかなくなった状態のことをキレるって言うの？　じゃあ、俺はキレたことがないですよ」（長州）

田崎　集団をまとめる上で、キレるっていうのも長州さんにとっては素振りだったりしますか？

長州　先生、キレた人間って見たことある？

田崎　たまにいますよね。

長州　見たことあるの？　俺はそんなヤツ見たことがないです。どういう状態をキレたって言うのか。言っておくけど、俺はキレる体験なんかしたことないよ。

田崎　キレたことがないですか？

長州　ない。そういう場面に遭遇したこともないし。何か自分の大事なものが一瞬で失われるようなときは、俺だってホントにどういう状態になるかわかんないですけど、簡単にキレるっていうのはおかしいよね。

田崎　佐山さんはキレるという話は聞きます。

長州　ああ。自分の自制がきかなくなった状態のことをキレるって言うの？　じゃあ、やっぱり俺はキレたことがないですよ。佐山はたぶんね、引っ込みがつかなくなっちゃうんじゃないかな。

田崎　引っ込みがつかなくなってキレる。

長州　でも、心のどこかでは「ああ、手が出ちゃった……」とかあるんじゃない？　俺にはわかんないですよ、なんせキレたことがねえんだから（笑）。たとえ、キレたとしてもこうして平和に暮らしてんじゃん。いまも仕事してるじゃん。人生っていうのはトラック競技みたいなもので、同じところをぐるーっと走っているようなもんなんですよ。それで最後にはスタートしたところに戻るんですよ。まあ、途中で脱落して消える人間もいるのかもわかんないけど。

田崎　人生はトラック競技だと。

長州　最終的にはスタートに戻っちゃう。だからって、それのいい悪いは誰が決めるんだって。走りたければずっと走ればいいし、途中で終わりたければ走るのをやめればいい。そんなもんじゃないの？

田崎　まあ、そうですね。

長州　だから、あんまり深く考えることはないんじゃないんですか？　みんなそれぞれタイプが違うんだから。こんなことだって、俺は言葉足らずだからあんまりしゃべりたくないんですよ。だから「おまえに何がわかるんだ！　おまえは俺のなんなんだ！」って脅かしてごまかしちゃう。昔からそうだよ。「おまえは俺の親兄弟か？」って（笑）。

田崎　そんな長州さんを題材に、ボクはすでに一冊（『真説・長州力』）書いちゃったんですけどね（笑）。

長州　そういうのって、どうやって書くターゲットを見つけるんですか？　少しは下調べとかしてるんですか？

田崎　めちゃくちゃしてますよ（笑）。

長州　でも、いくら何日、何カ月、何年と取材をやっても、いましゃべったようなことですよ。なかなか（心を）開く人はいないよね。でも、先生なんかはそれを察しながら書いていくんでしょ？　ちょっとヨイショもしながらね、大変だよなあ。俺にはそんなことできねえもん。山本、俺のツイッターを見たらわかるだろ？

――まあ、刹那的ではありますよね（笑）。

長州　まるでサルだよ。いやいや、チンパンジーだよ。俺は文章を書いていて、ピリオドを押すのがめんどくさいから、全部ビックリマークにしてるんだから。

田崎　ピリオドを打つのがめんどくさくてビックリマーク？（笑）。

長州　だから俺の文章って読みづらいし。

――えっ、自分でも読みづらいんですか（笑）。

長州　読みづらいよ。何を書いてんのか自分でもわかんない。だからこれ、『ＫＡＭＩＮＯＧＥ』？　『ＫＡＭＩＮＯＧＥ』なんて、どうせサルとかチンパンジーしか出てこない本なんだから。俺でちょうどいいだろうって（笑）。まともなことなんて書いてあるわけないんだから、ホントに。

――ひどい！（笑）。

長州　サルがチンパンジーに話を聞いて本になってるんだから、便利な時代だよ。

田崎　そういう便利な時代に、長州さんのお孫さんも生活をしていくわけですよね。

長州　そうなんだよね。まあ、大人になるまでまだまだ先は長いし。俺は間違いなくそれまで生きちゃいないだろうし。

「長年、この業界で壊れた連中とだけ付き合ってる。みんな壊れてるくせに、それぞれが『俺がいちばんまともだ』って思ってるからな」（長州）

田崎　お孫さんにはレスリングをやらせたいですか？

長州　いやいや、そんなのは全然。そんなことは考えもしない。何をやろうが勝手。

田崎　でも、本心としてはスポーツをやらせたいという思いはないですか？

長州　それは俺の問題じゃなくて、父親である慎太郎の問題。俺、今年の12月で69ですよ。来年70だよ。

田崎　70歳って昔だとけっこうな年配っていうイメージですよね。何か実感はあります？

長州　70ってどうなんだろうな？　山本、おまえいくつ？

――48です。

長州　じゃあ、俺もこうやって30代、40代にもまだ対応できるんだな。できるっていうか、対応してもらってるっていうか（笑）。でも間違いなく会話はできて、いろんなことを一緒に考えているわけだから。

田崎　井上さんから見て、69歳の長州力ってどうなんですか？
——はい？　……田崎さん、〝山本〟です。
田崎　ああ、山本さん。
——確実に言えることは、70前にしては身心共にお若いですよね。
長州　それ、「サルに比べれば」って思ってんだろ（笑）。
——そうですね。長寿のサルですよ（笑）。
長州　初めてキレるぞ、マジで。
田崎　でも60代後半って言えば、昔だったらホントにおじいちゃんでしたけどね。
長州　なんでだろうね？　やっぱり文明が、いまの時代がそういうふうにさせてるのかな？　いまだにいろんなことを知ろう、知ろうとしてるから動けるのかね？
田崎　でも同級生とかに会ったら、もの凄く老けている方とかいません？
長州　いや、会ったことないからわかんない。もう長年、この業界で壊れた連中とだけ付き合ってるから。みんな壊れてるくせに、それぞれが「俺がいちばんまともだ」って思ってるとんでもない世界だからな（笑）。
——でも、ボクらの世代でもすでに地元の同級生と会ってビックリすることが少なくないですよ。
長州　だから会わないほうがいいんだよ。
田崎　会わないほうがいいですか？

長州　女性は特に。「あれ、おばあちゃんを連れてきたのかな?」っていうぐらいの感覚になるらしいから。

田崎　まあ、同い年ですからお孫さんもいたりして、リアルにおばあちゃんですよね（笑）。ボクは京都出身で、山本さんは岡山だし、地方になるとけっこう老け方が凄いですよ。長州さんが若くいられる秘訣みたいなものは何かあるんですか?

長州　秘訣?　べつに身体を動かしてるくらいで秘訣なんかないですよ。やっぱりアレだよね、あまり頭を使わないことじゃない?　でも、すっかり白髪も増えたし、どっかでそろそろ自分で認めなきゃいけないな。

田崎　でも、髪はちゃんと染めていますよね。

長州　いやもう、めんどくさくなって。この自粛中、俺は髭を伸ばしてて、ずっとこのままにしとくかと思ったんだけど、急に「白いのが目立つから剃ってください」って言いやがってさ。

田崎　誰がですか?

長州　谷ヤン。俺はもうずーっと伸ばしてやろうと思ってたのに、「仕事のことを考えて剃ってくれませんか」って。ふざけんなって。「人間は退化していくんだ。おまえは俺が進化するとでも思ってるの?」って聞きたいよ。

田崎　そうやってみると年齢ってわかんないですよね。いまの時代ってどんどん年齢がわからなくなってきて。

長州　まあ、秘訣ってほどでもないけど、明日も100キロのセットをやるし。

田崎　ベンチですか?

長州　そうそう。

——えっ、長州さんっていまだにベンチプレスをやられているんですか?

長州　何を驚いてる?　やってるよ。俺が何をしに道場に行ってると思ってたんだよ。

——コンディション維持のためにバイクを漕いだりとか、適度に汗をかいたりする程度だと思っていました。

長州　バカ言え。俺はこれを45年間やってきてんだよ。

田崎　100キロを何回くらい挙げるんですか?

長州　10回を3セットとか。それで十分だよ。それとプッシュアップ15回を5セットとか。あまりトレーニングの話はもう……。関係ないだろ。（いきなり歌い出し）♪挙げて〜挙げて〜挙げて〜挙げて〜挙げて〜挙げて〜、回して〜回して〜回して〜回すぅ〜。

田崎　円広志ですね（笑）。

——それは「飛んで」ですけどね（笑）。

長州　まさに100キロ挙げて飛んでるんだよ。じゃないとシャキッとしないじゃん。

田崎　やっぱり汗をかいてシャキッとしていなきゃいけないですね。ボクらも重いのを挙げたほうがいいんですかね?

１００キロは無理ですけど。

長州　いや、飛んだほうがいいよ。

田崎　飛んだほうがいいですか!?（笑）。

長州　やっぱり飛ばないと。先生、俺はもうああだこうだってあまり難しいことは考えたくない。もうその日その日を、いま対処できることを対処して、べつに対処できないようなことが自分の身の回りで起きてるわけじゃないけど、できないことはもうあまりしないほうがいいと思うんだ。

田崎　やっぱり引退されて、まただいぶ思考が変わっていきますよね。

長州　もう楽しくのんびりさせて。難しいことばっか考えないで飛んだらラクだよ。ホントに。

田崎健太（たざき・けんた）
1968年3月13日生まれ、京都市出身。
ノンフィクション作家。
早稲田大学法学部を卒業後、小学館に入社。『週刊ポスト』編集部などを経て1999年に退社。著書に『真説・長州力 1951-2018』（集英社文庫）、『偶然完全 勝新太郎伝』（講談社）、『真説・佐山サトル』（集英社インターナショナル）、『電通とFIFA』（光文社新書）『全身芸人』（太田出版）などがある。

長州力（ちょうしゅう・りき）
1951年12月3日生まれ、山口県徳山市（現・周南市）出身。
プロレスラー。
専修大学レスリング部時代にミュンヘンオリンピックに出場。1974年に新日本プロレスに入団し、同年8月にデビューを果たす。1977年にリングネームを長州力に改名。メキシコ遠征後の1982年に藤波辰爾への噛ませ犬発言で一躍ブレイクを果たし、以後、"革命戦士"のニックネームと共に日本プロレス界の中心選手となっていく。藤波との名勝負数え唄や、ジャパンプロレス設立からの全日本プロレス参戦、さらに新日本へのUターン、Uインターとの対抗戦など、常にプロレス界の話題のど真ん中を陣取り続けた。2019年6月26日、後楽園ホールで現役ラストマッチをおこなった。

田崎健太の最新著書 好評発売中！
『スポーツ・アイデンティティ
どのスポーツを選ぶかで人生は決まる』
田崎健太・著 太田出版 1600円＋税
今から子供にさせるなら、水泳？ ゴルフ？ 野球？ それとも？競技の種類が人格を形成する"スポーツ・アイデンティティ"＝SIDとは。数々のアスリートを取材してきた著者による、「才能」とも「身体能力」とも異なる視点からの全く新しいスポーツ教育論。（あとがきになぜか本誌・井上崇宏の名前が登場）

バズらせ方、教えてやろうか！
『いまどうしてる？』
長州力・著 ワニブックス 1300円＋税
あの話題沸騰ツイッターアカウントが書籍化！革命戦士として闘い続けた男がまさかのTwitterデビューを果たした。本書は長州力公式ツイッターアカウントから傑作ツイートを厳選し、ほぼ意味不明な内容に対して本人自ら感想をつづる。

長州力vs山本・全21戦収録!!
『ほんとうの長州力』
KAMINOGE編集部・編
辰巳出版 1500円＋税
Twitter開始の8年前から長州力はその"素顔"を見せていた。時には笑い、時には怒り、そして時には深い哲学を語る。本書はそんな「ほんとうの長州力」の記録である。

兵庫慎司のプロレスとはまったく関係なくはない話

兵庫慎司

（ひょうご・しんじ）1968年生まれ、広島出身、東京在住。仕事の比重がライブ関係に大きく偏っているタイプの音楽ライターであるがゆえに、世の中がコロナ禍から徐々に平常運転に戻ってきた現在でも、ほぼ開店休業状態です。2019年11月21日発売の著書「ユニコーン『服部』ザ・インサイド・ストーリー」（リットーミュージック）、書店と、SMAやタワーやHMVやアマゾン等の通販サイトで買えます。Kindleなどの電子版もあります。

第61回 悪意という名のジジイ

悪意の塊に遭遇した。

という話を、6月8日放送のTBSラジオ『深夜の馬鹿力』で、伊集院光がしていた。奥さんと夜道を買い物に出かけたときに出くわした、乱暴に呼び鈴を鳴らしながら自転車を走らせているジジイ。そのジジイ、こんなご時世だというのにマスクをしておらず、自転車で女性と接近するたびに「ゴホゴホゴホゴホ！」と、浴びせるように咳をしまくる、というのだ。男にはやらない。女にだけ「ゴホゴホゴホゴホー！」。

「あいつにイヤなことされたから」という理由ならわかるが、そうではない。いや、ジジイからしたら、「昔、女にこんなにひどい目に遭わされたから、すべての女が憎い」という事情があるのかもしれないが、そこまで対象を広げてしまったら通り魔と一緒だ。「殺人」と「いやがらせ」という程度の違いはあるが、「不特定多数に不幸を与えたい」という点では同じである。

まず唖然とし、次に「こんなイヤなものを見るか!?」と鬱に入りかけながら、その背中を見送った伊集院だったが、ジジイ、どこかでUターンしたらしく、しばらくしたら戻って来るではないか。どうしよう、とっつかまえてやろうか、でも警察に突き出すのも違うし、スマホで撮って警察に持って行くのはどうだ、でも……というふうに、彼のトークは続いたのだが、聴いていて思い出した。こんなふうな「悪意の塊に遭遇するとこっちが鬱になる」感じ、わかる。僕も出くわしたことがある。

数年前、うちの台所のコンロが壊れた。そのメーカーの「お客様サポート」に連絡し、修理の人を呼び、「あ、この部品が壊れているから火が点かないんですね」とわかったのだが、その部品は製造終了しており、コンロごと新しいものに交換するしかない、という。15年以上前のコンロだったので納得し、カタログから新しい機種を選び、後日あらためて交換に来てもらった。

で、交換に来た、そのメーカーが業務を委託しているこの近辺のガス屋、という風情のおっさん。生来の気弱さゆえに物腰がやわらか、みたいな人だったのだが、コンロの交換が終わり、納品書を見せて料金の説明をされ、「でも工賃のここのところはディスカウントしときますんで」「あ、本当に？　ありがとうございます」と、伝票へのサインを終えたとき。そのおっさんが「こんなこと言っちゃあれかなあ」と微笑みながら、口にしたこと。

「同じ商品でもネットで探せば、工賃込みでもっと安いとこ、あるんですけどね」

はあ？

思わず絶句しながら、帰って行くおっさんを見送ったが、そのあと猛烈な怒りがこみあげてきて、「しまった！　アホほど文句言ってやるべきだった！」と後悔した。

そうですね、そんなこと言っちゃあれですね。ネットで探せばもっと安いとこがあるのは、わかってますよ。でも、わざわざ一度来てもらったのに、ネットでもっと安いとこ見つけて「だからあなたんとこからは買いません」っていうのは、なしでしょ。と思ったから、僕はあなたんとこから買ったんですよ。なのに「うちのほうが高いから買わなきゃよかったのに」って何？　買ったあとで客にそれを言うって、どういうつもり？　「お客様センター」に報告しときますわ、帰り際にそう言われたって。

くらいのことは、言えばよかった。自分がほとほと不甲斐ない。

僕が態度が悪かったか何かで、そのおっさんの機嫌を損ねた、だからカチンときてそんなことを言った、とは、どう考えても思えない。つまり、相手が誰であろうと、「いま、これを言うとこいつはイヤな気持ちになる」ということがわかったなら、あたしゃ言わずにゃいられない、ああ言わずにはいられません。ということなのだと思う。すごくない？　この、相手が誰であれ、不幸にすることでマウントを取りたいという、ナチュラル・ボーン・悪意。「生きとし生ける者たちみんな不幸になあれ」という。サイコパスの殺人鬼とかならまだ「例外」として位置づけられるが、普通のガス屋のおっさんがそうである、ということは、こういう「庶民派サイコ」、そこらじゅうにいるってことだ。っていうか、いるわ、実際。飲み屋のホール係にやたらいばりちらすおっさんとか、コンビニの外国人店員を怒鳴りつけるジジイとか、スーパーのレジ打ちがちょっと遅いくらいでネチネチ文句をつける婆さんとか。

と書くと気づくが、そういうのってたいてい「おっさん〜ジジイ」「おばさん〜ババア」だ。怖そうなガテン系のあんちゃんが居酒屋で怒鳴っているとか、チャラそうな高校生がコンビニで外国人店員を脅しているとか、あるのかもしれないが、少なくとも僕は出くわしたことがない。

何が憂鬱って、自分が、年代的には完全にそっちの範疇に入る、という事実だ。そんな「不幸になあれ」マウンティングで心を満足させたいよ、というジジイには決してならないよう、細心の注意を払って生活しよう、改めてそう誓う私なのであった。

で、そういうケースに遭遇したとき、一切激高せず、ニコニコしながら、理詰めで相手をコテンパンにし、一生消えないトラウマを心に刻みつけ、飄々と去って行きそうな男。私の中の、山本井上本誌編集長は、そんなイメージです。そこに憧れます。

TARZAN by TARZAN

ターザン バイ ターザン

TARZAN YAMAMOTO

INTERVIEW SERIALIZATION

VOL.012

はたして定義王・ターザン山本！は、ターザン山本！を定義することができるのか？「田中社長から50万円が入った茶封筒を受け取ったとき、俺は初めて“金権プロレス”の実態がわかったね。だから俺は言いたいわけですよ。SWSに行った連中がどれだけの契約金をもらって年俸がいくらだったのか言ってみろってね！」

絵　五木田智央　試合写真：平工幸雄　聞き手　井上崇宏

第十二章 SWSとの闘争

「若松さんが『これからのマット界はどうすればいいのか?』と質問してきたと同時に『スポンサーを見つけた』って言ったんよ」

――山本さん、今回のテーマは1990年に旗揚げしたSWSです。

山本 SWSぅ? SWSは話が長くなるよぉ!

――でしょうね。

山本 SWSについて語るとなると、まず、これはもうすでにあちこちでしゃべってることなんだけど、ある日、若松(市政=ショーグン・KY・ワカマツ)さんから週プロの編集部に「会えないか?」という電話があったんですよ。それで「場所はどこですか?」って聞いたら、指定してきたのが京王プラザホテルだったんよ。それで俺は「えっ、京王プラザ!?」ってなったんよね。

――どうして驚いたんですか?

山本 俺はもともと若松さんとはもの凄く親しいんですよ。『週刊ファイト』の記者時代に国際プロレスを応援していて、その国際で若松さんはずっと巡業トラックの運転手をやってたでしょ。それで若松さんはときどき試合をやって、会場ではパンフレットを売ったりしていたんよね。

――裏方がメインなんですね。

山本 はっきり言ってプロレスラーとしては認められていなかったので、ときどき試合をさせてもらう感じのポジションだったわけですよ。それで興行が終わると、次の土地に向かうために夜中に出発しなきゃいけないんで、そのとき新人だった冬木(弘道)とふたりでトラックに乗って移動していたわけですよ。俺はそれをさ、「まるで銀河鉄道のようだった」って「ザッツ・レスラー」に書いたんよ。そうしたら大評判になって、そこから若松神話みたいなのが生まれたんですよぉ。

――若松神話。

山本 もちろん、国際は新日本や全日本に比べたらどマイナーの団体でさ、どの雑誌でもほとんど扱われていなかったわけだけど、俺はそういう下積みをしている人たちに注目して、国際のプレハブの道場に足繁く通ったりしてさ、そこで若松さんが阿修羅原や新人の冬木に練習をつけたりしてるのを見てたんよ。また、道場の2階に上がっていけば、稲妻二郎ちゃんが寝てるわけですよぉ(笑)。

――ジェリー・モローですね。

山本 その風景というのは、もうさびしさに溢れている、究極の崩壊寸前みたいなところだったんです。だから俺は国際プロレスとは非常に縁があるわけ。要するに大好きだったんですよぉ！　だから当時から俺は若松さんと親しかったので、国際が潰れたあとも芦別の山の中まで若松さんを取材で訪ねたことがあってさ、それをカラーページで載せたことがあるのね。そのときに若松さんとふたりで「これからのマット界はどうしたらいいのか？」っていうことをしゃべって、俺が「やっぱりこれからのキーワードは前田日明だよね」って言ったら、若松さんも「前田ですよね」って言ったんよ。

——それは何年ぐらいの話ですか？

山本　憶えていないけど、とにかくそれを言ったんよ。そのとき、たしかワカマツさんは職がなかったのかな？　それからずいぶん経って「会いたい」という電話がかかってきて、指定してきた場所が京王プラザだったから「ええっ？」ってなったんよ。

——要するに若松さんらしからぬ場所だなと。

山本　それで京王プラザで若松さんとパッと会った瞬間に俺はもうビックリしたんよ！　あの若松さんがさ、凄い上等な背広を着ていて、アタッシュケースを持ってるんですよ！　もう一流のビジネスマンみたいな格好をしてるんですよ！　それまで、あの人はキャピタル・スポーツウェアをよく着ている単なるおじさんだったわけですよ？

——スポーティーでいいじゃないですか（笑）。

山本　だからまず、そこで「どうしちゃったのかな？」と思って。俺の眼の前にピカピカのビジネスマンとして登場したわけですよ。あっ、アタッシュケースも持ってましたよ！

——それはもう聞きましたよ。その若松さんの姿を見て、最初の異変に気づいたわけですね。マット界に何かが起ころうとしていると（笑）。

山本　とにかく俺はビックリしたんだけど、それは表に出さないで、そのまま京王プラザの向かいにある居酒屋に行ったのね。

——京王プラザは待ち合わせしただけかいっ！（笑）。

山本　そこで昼メシを食いながらさ、若松さんが「これからのマット界はどうすればいいんですかね？」って俺に質問してきたんだよね。それと「ちょっとスポンサーを見つけた」って言うんですよ。そのとき、俺はその言葉を軽く聞き流していたんだけど、どうやら若松さんが職がなくて困ってるっていうんで、新日本にいた永里（高平）さんが動いたのよ。永里さんは早稲田大学の後輩で国際プロレスの社長の吉原さんとつながってたからさ。

——永里さんって、一時期、テレ朝から新日本に出向していた方ですよね。

山本　そう。それで永里さんがメガネスーパーの田中（八郎）社長を若松さんに紹介したらしいんですよ。これは全部あとからわかったことだけどね。それで若松さんが「これからのマット界はどうしたらいいですか？」って聞いてきたとき、俺はもうマット界に飽き飽きしてたんですよ。

——じつは（笑）。

山本　はっきり言って、新日本も全日本ももうつまんねえなと。「くっだらねえな」と思って、週プロを作るのも嫌だったわけですよ。

「あくまでもプロレスはスポーツじゃなければいけないというビジネスとしての問題点があった」

——飽きていながらも週1で作っていたんですね（笑）。

山本　だから、俺は飽き飽きしている反動でさ、そのとき自分のなかで持っていたプロレスの理想論を若松さんにバーッと全部しゃべったんだよ。で、彼はそれを聞いて帰って行ったわけね。その後はなんも連絡がなかったわけだけど、そのあとにバシャーンとSWSが出てくるわけですよ！　そしてその中心人物に若松さんがいたことがわかったんですよ！

——「ああ、俺にアドバイスを求めてきたのはそういうことだったのか」と。

山本　だから、そこが運命の分かれ道なんですよ。そのとき俺が考えていたマット界のデザイン、プランを聞いてね、若松さんが「それはおもしろい！」ってなって、俺を田中社長に紹介していたらさ、若松さんにしゃべったことをあらためて田中社長にも全部しゃべっているはずなんですよ。そこでなぜ、若松さんが俺を紹介しなかったのか？　おそらく俺と田中社長がツーカーになることを恐れたんだと思うんですよ。

——まさに運命の分かれ道。その頃、山本さんが考えていたプロレスの理想論っていうのは、どんなものだったんですか？

山本　これからプロレスと格闘技をどうしたらいいかというポイントやキーワードがあったんですよ。当時はプロレスというエンタメと、格闘技というガチンコをどういうふうにうまく組み合わせて、化学反応を起こさせて、両立させながら進めていくかっていうのがテーマだったわけでしょ。それを田中社長にもぶつけたらいいわけで、若松さんは俺を連れていけばよかったんですよ。俺は『週刊プロレス』という媒体を持ってるんだから、そこをくっつければ田中社長にとってもいい味方になりうるんだから。

——そうしていたら、SWSは成功していたかもしれないと。

山本　いや、そのときに田中社長に会ったら、俺はたぶんこう言ったと思うんですよ。「社長、プロレスはあくまでエンタメなんですよ」と。あとあとのことを考えたら、最初にこれは絶対に言わなきゃいけないんですよ！　で、それを知った瞬間に田中社長は手を引いたというパターンもあったと思うんよ。

——「えっ、それなら話が変わってくるな」と。

山本　プロレスが純粋なスポーツ、競技ではないとなれば、メガネを販売している自分の会社の本業にも影響をしてくる。あくまでもプロレスはスポーツじゃなければいけないというビジネスとしての問題点があったわけですよ。

——当時、田中社長はプロレス＝格闘技だと思っていたらしいですからね。

山本　だからメガネスーパーは、その前の１９８９年11月にＵＷＦの東京ドーム大会（『Ｕ-ＣＯＳＭＯＳ』）の冠スポンサーをやったわけですよ。あのとき３０００万だったか、いくらだったか忘れたけど、そういうお金をバーンと出したわけでしょ。あのときに田中社長はＵＷＦを買えばよかったんよね。そうすればまた流れも変わったんだけど、田中社長は冠スポンサーにはなったもののマット界に関われないと。あの人の息子さんが大のプロレス好きだったんよね。その息子さんの夢を叶えてあげたいという理由で「プロレスに関わりたい」という親バカみたいな一面があり、そこで田中社長は揺れていたわけね。

——ＳＷＳ旗揚げは、その息子さんへの誕生日プレゼントだったという話もありましたよね（笑）。

山本　だけど、あそこで若松さんが俺を紹介して、田中社長と会っていたら流れがまったく変わったんよ。それで田中社長が俺の言ったとおりにやったら、マット界を制覇して、プロレス界を牛耳って大変な展開になっていましたよ！　そこには馬場さんも猪木さんももういないよ！

——いや、「エンタメならやっぱりやらない」となるパターンを想定していたんですよね？

山本　でも、とにかく息子がプロレス好きなんだから、「プロレスやってよ」って言われて田中社長がどう判断したのかはわかんないんよ。だから実際にさ、ＳＷＳに行った連中の間では「ホントのことを言ったら田中社長はすぐにやめるから言うなよ」ってことで口裏合わせをして、騙し続けていたわけですよ。それはまずい、田中社長に本当のことを言わなきゃいけないっていうことで動いたのが、安達（勝治）さんなんですよ。あの人はバランス感覚がいいから。

——ミスター・ヒトさん。

山本　ここまで騙し続けているのはおかしい、きっぱりと言ったほうがいいんじゃないかっていう主張をしたのが安達さんなんですよ。そのあたりのことがあって、じつはＳＷＳは旗揚げするときから存在がいびつだったわけですよ。何度も言うけど、そこで俺が田中社長と会っていたら歴史は変わっていたし、まったく別の流れになっていたんだよねぇ。

結局、SWSがグチャグチャになったあとになって、初めて、ドン荒川から田中社長を紹介されたわけですよ。

——もう団体を畳むって頃ですよね。

山本　もう会った瞬間から凄かったもんね。すぐにツーカーになったんよ。

「SWSのいちばんのポイントは天龍が行ったことなんだよね。俺だったら全日本からは絶対に引き抜かない」

——そのくだりはおいおい聞きましょう。たしかに旗揚げ前に田中社長が山本さんと会っていたら、その後の展開は大きく変わっていたでしょうね。それはたとえ団体のブレーンにはならなかったとしても。しかし、人からアドバイスを聞いておいて、その後は音沙汰なしっていうのは、ちょっと若松さんの社会人としてのセコさが出ましたよね。
山本　つまり、彼は手柄を独占しようとしたんだよね。あるいは俺の存在を恐れたというか。
——でも、若松さんと山本さんだってツーカーじゃないですか。
山本　そうだよねえ。さらにそのときのプランを言うとさ、俺は絶対に「武藤敬司を引き抜け」って田中社長にアドバイスしていたはずなんですよ。「新団体には武藤ひとりだけがいたらいい、あとはいらない」と。それで旗揚げ戦は後楽園でやって、しかもワンマッチだけやるんですよ。ただし、後楽園ながらも「この団体はお金を凄く持っているんだな」って思わせるような演出を見せるんよ。それを見せることによって、他団体の連中をざわざわさせるという形に持っていくんよ！
——ざわつかせる（笑）。
山本　リング上では武藤を全面的にプッシュしていってさ、道場もプロレス用と格闘技用のふたつを作って、それぞれ優秀なコーチで固めてマット界を制覇するっていうのが俺のプランだったんよ。実際、彼らも最初に武藤を引き抜こうとはしたんよね。でも武藤が坂口（征二）さんに報告したことで話が潰れたんよ。
——「こんな話があるんですけど、どうしたらいいですか？」って聞いちゃったという（笑）。
山本　でも、そのときに現ナマ作戦でボーンと武藤に1億用意してさ、パッと契約しちゃえばよかったんよ。
——SWSが最初に武藤さんに声をかけたのは、山本さんの進言があったからですか？
山本　いや、違う。若松さんには武藤の名前を出していない

SWS

から。あくまで俺の考えは「武藤ひとりだけ引き抜けばいい」っていう考えだったんよ。最初は小さい規模で旗揚げをして、だけど資金は豊富だぞっていうのを見せつつ、そこからじわじわとボディブローのようにマット界を攻めていくっていうね。

――一発目の旗揚げ戦は後楽園っていうのは、プロレスファン心理を読み切っていますよね。

山本 そうですよぉ！

――いきなり大会場で旗揚げをして、うまくいった団体ってないですよね。

山本 それを田中社長は旗揚げ戦のプロデュースを広告代理店の東急エージェンシーにやらせたわけですよ。そうすると広告代理店っていうのは大規模な予算を算出して、莫大なお金を取ってくるわけでしょ。

――取ったぶんだけのスケール感を出さなきゃいけなくなるし。

山本 俺だったらそんな代理店とかは入れさせないで、とにかく小さく、小さくやりますよ。そんなお金を使う必要はないよと。そういう自分のプランを田中社長に叩き込んでましたよ。

――SWSという団体が旗揚げすることが明るみになったとき、山本さんは率直にどう思ったんですか？

山本 SWSのいちばんのポイントは何かって言うと、天龍（源一郎）が行ったことなんだよね。俺だったら全日本からは絶対に引き抜かない。「全日本からレスラーを引き抜いたらダメですよと。相手は馬場さんだからファンから悪者になりますよ。引き抜くなら新日本からですよ」と。それが天龍を引き抜いたことで大事件に発展したんですよ！

――ジャイアント馬場という聖域を侵したということですね。一方の新日本は、移籍や引き抜きは、季節の風物詩ですもんね（笑）。

山本 新日本にとっては選手の離脱は風物詩なんだから。あそこで天龍を引き抜いたことによってSWSの歯車はすでに狂っていたんよ。

――暗雲が立ち込めたっていう。

山本 馬場さんのところから裏切り者が出るっていうのはあまりないわけですよ。（アブドーラ・ザ・）ブッチャーや（ブルーザー・）ブロディとか外国人は別だけど。そういった意味で言うと、あの天龍が出て行ったっていうのは馬場さんからしても大事件なわけですよ。ホントならね、こういう手もあるんです。まったく全日本には興味を示さずに馬場さんをイライラさせるというね（笑）。

――「ウチは無価値か？」と。なんのために（笑）。

山本 とにかく全日本はこじんまりとやっているんだから、そのままにしておくんですよ。それで新日本からだけレスラーを引き抜いてさ、しかも凄いお金が動いたらしいってことを示せば、勝手に業界のバランスはおかしくなるんだから。それで天龍が行ったらさ、全日本からもの凄い数のレスラーがSWSに動いたんでしょ。それこそ谷津嘉章とか（ザ・グレート・）カブキさんまでね。つまり、全日本をほぼ空っぽの状態にしたわけですよ。そうやって馬場神話を徹底的に壊したというのは大事件だよぉ。逆に言うと、馬場さんには神通力がなかったということも証明されてしまったわけですよ。完全に馬場神話が崩壊したんよ！

「馬場さんはレスラーを潤わせてはいないという弱点を思いっきり突いたわけですよ！天龍はたいしたもんですよ！」

――「馬場さんって人徳なかったの？」ってなりますよね。

山本　あのね、人徳とはカネだから。カネ＝人徳だからね？つまり、全日本はカネで所属レスラーにいい思いをさせていなかったってことなんですよ。プロとしていいギャラをもらっていないし、全日本にいたらテレビやラジオに出るとかっていう芸能の活動もできない。長年、そういうレスラーたちのストレスが全日本の中では渦巻いていたわけですよ。三沢（光晴）と川田（利明）だって、本音としてはテレビとかラジオに出て稼ぎたいのにさ、全部「ノー」なんだもん。それは選手がかわいそうですよ。ただ、その抑圧によってリング上で凄い試合をするっていう、そのパラドックスになるわけですよぉぉ！

――コスパが合わない激しい試合をやって熱狂を生むっていう。そういった全日本のレスラーたちの不満が、SWS誕生によって、吹き出物のように表に出てしまったと。

山本　そういう意味では、俺は天龍は凄い人だったと思うんよ。アンタッチャブルで、触れてはならないジャイアント馬場の神話をぶち壊したわけだから。そういう誰もできなかったことを日本人レスラーとして初めてやったんだよね。だから天龍のリアリズムっていうのは凄いよ。「馬場さんはいい人である」という作られたイメージがあったんだけど、でもレスラーを潤わせてはいないという馬場さんの弱点を天龍は思いっきり突いたわけですよ！　天龍はたいしたもんですよ、あれ！　俺はその後、馬場一派になるわけだけどさ、あとになってあのときの天龍の行動を冷静に考えたら凄い人ですよ。

――じつはひそかに感心した（笑）。

山本　「偉いなあ、この人は」と思ってさ（笑）。長州力が新日本を裏切ることは日常的なんですよ。新日本あるあるなんですよ。だけど、天龍の他団体移籍っていうのはあるあるじゃないもん。だから全日本のレスラーがごっそりといなくなったときは、マスコミも「さすがにこれは全日本は潰れるな」と思ったんよ。それで雨の日の東京体育館（１９９０年5月14日）が最低の興行になっちゃってさ。あの三沢タイガーがマスクを脱いだ日ね。それで次の後楽園大会はいよいよカードが組めないっていう状態に陥っていて、そのときに俺のなかで猛烈にスイッチが入ったわけですよ！

――そこにかつての国際プロレス的な風景を見たというか。

山本　いや、「これは馬場さんを応援する絶好のチャンスだな！」と。もぬけの殻にされ、瀬戸際に追い詰められ、世の中はカネという絶対的な論理で馬場さんは否定されたわけでしょ。「これは馬場さんを応援するしかない！」ってことで俺は完全に腹をくくったわけよ！　だけど、ほかのマスコミはみんなＳＷＳ側についたわけですよ。プロレス記者には天龍ファンが多いから。だけどもともと馬場派、全日本派だった人も向こうに行ったわけですよ。菊池孝さんとかさ。それには俺も「おかしいな」と思ったんだけど、要するにそれはターザン山本が馬場さんを応援してるから、みんな向こうに行ったわけですよ（笑）。

――えっ、そうだったんですか？

山本　そうですよぉ。この機に乗じてターザン山本が馬場さんを独り占めしたから、俺の反対側にってことでみんなはＳＷＳに行ったわけですよ！

――そんな反作用が起きていたんですね（笑）。

山本　そうして全日本は孤立状態、四面楚歌ですよ。相手は膨大な資金を持っているわけだから「これは勝てねえな」と。でも、そこが俺はおもしろいな、やりがいがあるなと思ったわけですよ。

――山本さんの純な気持ちが働いて、そのときはお金よりも馬場さんがほしかったってことですね（笑）。

山本　じつを言うと、俺のプライベート的なプライバシーの欲望なんですよね。

――ちょっと言ってる意味がわかんないです（笑）。

山本　馬場さんが困っているときに応援したら、きっと馬場さんは俺に振り向いてくれるはずだと。「このチャンスを逃すわけにはいかない！」みたいなね。どさくさにまぎれて俺はダッシュして恋人を獲りに行ったんですよ！　強奪ですよ！

――馬場強奪！

山本　それでさ、あのとき馬場さんが言ってたのは「向こうはカネを持ってるから、もうこれはどうやっても勝てない。いくら戦争をしたって、もし向こうが腹を決めたらマット界そのものを買ってしまう。それぐらいのカネが向こうにはある」と。馬場さんはもうお手上げ状態なんですよ。

――だいぶまいっていましたか？

山本　「これはもう闘いにならない」って言ってたね。「勝ち目なし、ダメだ」と馬場さんはもうお手上げだった。

——そこで山本さんはますます燃えるわけですね？

山本　ある日ね、夜中の23時頃にキャピトル東急ホテルのオリガミを入ったすぐ手前の喫茶フロアで、馬場さんと元子さんと3人で「今後、どうしたらいいのか？」っていう話し合いをしたわけですよ。でも馬場さん本人はお手上げ状態だから、そこで俺が坂口（征二）さんの家に電話をして、「坂口さん、いまマット界は緊急事態で馬場さんが困っています。新日本はどうするんですか？」って言ったわけですよ。そうしたら坂口さんがクルマを飛ばして来たんよ。

——はいはい。

山本　それでみんなでしゃべってるんだけど、どうにも埒が明かないわけですよ。打開する方法論がないわけ。そこで坂口さんは、新日本からはジョージ高野と佐野直喜が行ったくらいだからたいした打撃はないって感じで帰って行ったんですよ。それでまた馬場さんと元子さんと俺の3人になったとき、俺はこう言ったわけですよ。「俺にまかせてください！」と。

「元子さんが電話をしてきて『いやー、凄いことをやったね。あの表紙で天龍は立ち直れません』って俺に言ったんよ！」

——啖呵を切ったわけですね。

山本　でも、そこでは「こういうアイデアがある」っていうのを具体的には言わないわけ。

——なんでですか？

山本　すぐに言ったらダメじゃないですか。価値がなくなるじゃないですか！

——若松さんのパターンもありますからね（笑）。

山本　そうそう（笑）。そこでは何も言わずにただ匂わせる程度にしておいて、向こうをちょっとその気にさせつつ、希望だけじゃなくて不安を持たせつつ（笑）。それで俺は翌週の週プロで「天龍はカネで動いた！」っていうあの歴史的な記事を作ったわけですよ！

——表紙には「プロはお金であることが、はっきり証明された」というキャッチコピーを打って。

山本　でもあれね、ヤバかったわけですよ。「プロがカネで動いて何が悪いんだ？　どんなプロスポーツでもカネだろう。アメリカを見たらわかるだろ」ってまともに反論されたら、こっちはアウト、一巻の終わりだったんですよ。もし、そういう展開になったらヤバいなっていう気持ちがあったわけですよ。それがいざ蓋を開けてみたら、天龍は痛いところを突かれたなという心理的大ダメージを負ったんですよ。

——ははあ。

山本　本音としては「カネで動いて何が悪い！」って思って

いるんだけど、それを口にしてしまったらプロレスファンを裏切ってしまう、ファンが逃げてしまうみたいなさ。プロレスファンは思い出と思い込みで生きる人種だからね。あのときの天龍の動揺というのは、ホントのことが言えないじれったさも相まって、もの凄かったと思うんですよ。

――そこのギリギリのところを突いたわけですもんね。

山本　そうそう。そうしたら、すぐに元子さんが電話をしてきて「いやー、凄いことをやったね。あの表紙で天龍は立ち直れません」って俺に言ったんよ！　元子さんは天龍の心情をわかっていたんですよ。あそこで天龍はＳＷＳに対する情熱も何もかも全部失ったよね。あの時点でＳＷＳはもう終わったんよ。

――旗揚げを前にして、あの表紙の一発コピーで。

山本　あの一発で決まったんよ！

――あのときの表紙の写真は、天龍さんの横顔ですよね。

山本　あれは横顔じゃないといけないんよ。はっきりと迷いなく正面を見ていたらダメなんです。それで元子さんから「馬場さんが会いたいと言っている。ホテルオークラにいます」って言われてさ、「なんで今日はキャピタル東急じゃないんだろ？」って思いながらも行ったわけですよ。そうしたら、そこで馬場さんが茶封筒を出したわけですよ。

――ええっ？

山本　馬場さんが俺に茶封筒を出したのは、あとにも先にも、このときしかない。

――あのキャッチコピーに金一封が出たんですか？

山本　いやいや、あの表紙を家で元子さんとふたりで見たことによって、「これはひょっとしたら流れが変わるかもしれないぞ」っていう希望の光が見えたんだと思うんですよ。

――一筋の光が。

山本　元子さんも天龍に心理的ダメージを与えたということがわかっているから、そのことを馬場さんに言ったと思うんだよね。

――「これ、相当効いてるわよ」と。

山本　そうそう。いまは完璧に負けていて、99パーセントは向こうの勝ちだけど、「これはもしかしたら……」という一縷の望みでもって、俺をオークラに呼んだわけですよ。そこで茶封筒まで出してきたのは、つまり馬場さんはそのあと俺が論調を取り下げるようなことにならないように、完璧に押さえておかなきゃいけないっていう気持ちだったんですよ。

――ああ、そういうことですか。

山本　俺がビビって反省をして、ＳＷＳに寝返る危険性もあるんじゃないかというね。

――ＳＷＳのほうから「すぐに会いたい」という展開があるかもしれないし。

山本　だから元子さんが馬場さんに入れ知恵をしたんだろうね。俺は馬場さんはお金を出さないと思っていたわけ。馬場さんがお金を出すときっていうのは、俺が新日本の中国遠征とかロシア遠征に行く前に、キャピトル東急ホテルに呼んで餞別として3万円くれるんよ。

「俺に茶封筒を渡したときの馬場さんの言い方がおもしろいんよ。『これからキミもいろいろと大変だろうからな』って」

――えっ、どうして馬場さんが餞別をくれるんですか？

山本　新日本の取材に行くのにさ、馬場さんが「海外に行ってくるんだろ？」って言って、かならず餞別を出してくれるんですよ。あるいは馬場さんがデトロイトやテキサスに遠征していたとき、現地に来た記者やカメラマンに対して「おー、よく来たな」ってことで200ドルとか300ドルを渡すわけですよ。だけど日本にいる限りは、そんなお金を渡すなんてことはないんよ。だからさ、馬場さんが茶封筒を出してきたときに俺は「いや、馬場さん。それは出さなくてもいいですよ。自分は気持ちでやっていることですから」ってね。

――おお～っ！

山本　そう言いたかったんだけど、そこで押し返したら馬場さんの立場がないわけですよ。

――受け取ったんかいっ！（笑）。

山本　それを受け取ることで対等な関係になれるわけですよぉ！　そこを俺が断ってしまったらぶち壊しなんですよ。だから俺はサッともらったんよ。

――サッと。ちなみにそのときの金額は憶えていますか？

山本　50万。

――けっこうな額ですね。

山本　（小声になり）いや、そこは500万じゃないといけないんですよ。馬場さんくらいのレベルからすると500万じゃないとおかしいでしょう。馬場さんってさ、キャピトル東急ホテルにいると、いつもちょっといかがわしい、うさん臭い連中が寄ってくるんですよ。それで、どんな価値があるかもわからない壺を持ってきてさ、馬場さんに300万とかで売りつけてくるんよ。

――ホテルって、そういう有象無象が集まってくる場所でもありますよね。

山本　それで馬場さんも、いかがわしいなってことをわかっていながらそれを買うわけですよ。要するに買った瞬間にそいつとは縁が切れるから。だから馬場さんはやっぱりお金を持ってるわけ。そういう光景を俺は見ていたからさ、「50万は少ないなあ」って（笑）。「馬場さんという巨大なスーパースターがこの額か」と、あとから俺は思ったよ。でも、よくよく考えると、馬場さんはいままでそういうお金を出したことがないから相場がわからないわけよ。

——ああ、なるほど。じゃあ、これまでお金を出したことがない人が50万を出したっていうことは、それはもう500万の価値ですよ。

山本　いや、1000万ですよ！

——じゃあ、もういいじゃないですか（笑）。

山本　だって昔、「みんなが格闘技に走るので、私、プロレスを独占させてもらいます。」っていう全日本プロレスのポスターを作ったでしょ。あのとき、制作費としてたしか100万くらい請求したんだよね。そうしたら馬場さんはその額を聞いてビックリしたわけですよ。

——高いと。

山本　俺たちブレーンだけじゃなく、カメラマンとかデザイナーとか何人もの人間が動いているのにだよ。要するに世間の価値観とは違うというか、わからないわけですよ。それでさ、俺にその茶封筒を渡したときの馬場さんの言い方がおもしろいんよ。「これからキミもいろいろと大変だろうからな」と。

——あー、そういう言い方ですね。

山本　それは馬場さんらしい言い方だと思ってねえ。なんかお殿様が臣下に言うようなさ、そのもったいぶった言い方が凄いよね。

——ボク、そういう値打ちをこいた言い方をしてくる人って苦手なんですよね（笑）。

山本　俺はまったく苦手じゃないよ。ああいう人たちはそういう芸だから。要するに馬場さんは水戸黄門だから、こっちの下々の人間のことがわからないわけですよ。

——そう言われて、いちいちモチベーションを下げてちゃダメなんですね（笑）。

山本　下げちゃダメなんよ。「ああ、こういう人なんだな。それもひとつの芸なんだな」と。「殿様芸なんだな、やんごとなき人なんだな」と思わないと。だから「これはこれでいいんだ」って俺は納得して帰ったわけですよ。その日の一件でね、馬場さんと元子さんは俺のことを100パーセント信頼したんだよね。「コイツは本物だ」と。普通ならカネとか権力になびくわけだけど、「コイツは権力になびかない男なんだな」っていう認識をしたというかさ。

——馬場さん自身もお金にシビアだからこそ、「普通ならあっちに行くだろ」っていう。

山本　そうなんですよ！

——「おまえは頭がおかしいのか？」みたいな（笑）。

山本　「おまえはバカなのか？」っていうさぁ（笑）。だから俺は馬場さんの理解を超えて、信頼関係がK点越えをしたわけですよ。

「長州が『おまえ、どうなんだ?』って聞いてきたから、俺は淡々と状況をしゃべったわけですよ」

——信頼関係の向こう側へ(笑)。

山本 傑作ですよぉ。そうしたらね、次は長州までもが動いてさ。これもどっかで話したことがあるんだけど、長州が突然、俺に電話してきたんですよ。「飛行機代も旅費もすべて俺が出すから、いますぐ宮古島に来い!」と。

——宮古島に。

山本 長州は、俺が馬場さんと組んでSWSとどれだけ本気で闘うつもりなのかを探るために電話してきたんですよ。

——敏感ですねえ。それで山本さんは宮古島に飛んだんですか?

山本 飛んだんですよ! だけど長州からは旅費とか一銭ももらってませんよ? 会社のカネで行って帰ってきただけだからね?

——そこで長州さんと何を話したんですか?

山本 それがおもしろいわけですよ。最初にさ、「おまえ、どうなんだ?」って聞いてきたから「こうこう、こういうことなんですよ」って俺は淡々と状況をしゃべったわけですよ。それであとはもう雑談。長州もそれ以上の追求はまったくしてこないんですよ。つまり、長州のなかでは俺が宮古島に来た時点で「ああ、コイツは本気なんだな」っていうのを直感で確信したわけですよ。それで安心したんですよ。

——本気っていうのは、すなわち?

山本 俺が馬場さんと組んでSWSとガチンコで闘う気ということよね。「あっ、コイツはマジでやってるんだな」っていう。それと同時に「コイツはバカな男だな」っていうさ、ある意味では俺を恐れたと思うんだよね(笑)。

——「コイツはコントロールできねえぞ」と。その日は、宮古島で新日本の興行があったんですか?

山本 そうそう。大会前の昼間、ホテルのプールのところで会って。

——しかし、プロレス界の緊急事態に、みんなが週プロ編集長の動向を気にしていたって凄いですね(笑)。

山本 パチパチパチ!(うれしそうに手を叩く)。そこからSWSとの徹底的な闘いが始まったわけですよ! もう完璧に勝利はこっちにあるんよ。あの表紙で先手必勝の勝ち戦ですよ!

——とにかくワンパン入れちゃいましたからね。

山本　俺は馬場さんに「これでプロレスファンは馬場さんの味方になりますから大丈夫ですよ」って言ったもんね。それでそのあとの後楽園大会で、全日本の選手は13人しかいないんだけど、客がもの凄く集まったわけですよ。その後楽園大会に『後楽園磁場』っていうタイトルを付けてビデオも出したんだよね。あの瞬間にもう俺たちは勝ったんですよぉ！

——すなわち、新生全日本の旗揚げですね。

山本　そうそう。後楽園で神話を作ろうということで。

——つまり、SWSが武藤敬司でやればいいと考えていた山本さんの構想を、全日本にスライドさせたわけですね。

山本　そう！

——憎いですねえ。

山本　プロレスファンの聖地で、「ここにこそプロレス魂がある、プロレスファンのスピリッツがある」ということを知らしめようっていうことで。13人しかいないから5～6試合しか組めないわけですよ。普通だったらもうアウトなのに超満員になったからね。

——そして、一方のSWSがついに旗揚げをするわけですけど。

山本　まず、プレ旗揚げをしたわけですよ。

——天龍さんのお膝元である福井での『越前闘会始』（1990年9月29日）。

山本　あのとき、俺は会場に行ったんだけど、そこでちらっと田中社長とすれ違ったんよね。

——挨拶したんですか？

山本　挨拶しようと思ったんだけど、向こうは忙しそうにしていて、さっと通り過ぎて行ったんよ。

——それにしてもよく会場に行きましたね（笑）。

山本　当然、横アリの旗揚げ戦にも行ったよ。

——旗揚げ2連戦の『闘会始』（1990年10月18・19日）。

山本　「これでいい試合をされたら大変だなあ」と思いながら行ったんよ。結局、ファンはおもしろいほうにつくわけだから。

「契約金が5000万で、年収5000万だったら、SWSに俺は引き抜かれて行ってますよ」

——そういう不安に苛まれながら横アリに向かったわけですね。専門誌の編集長が「おもしろかったらどうしよう……」って気を揉むっていう（笑）。

山本　そういう不安マックスで行ったらさ、もうくっだらない試合をやってるんだよね。それで俺はもう安心して「やっぱりくだらなかったな！」って。ヤジも凄かったけど、あれは「金権プロレス」っていう言葉にファンも汚染、洗脳されていたからだよね。

――でも、たしかにあの時代は「プロレスラーはカネじゃなくてロマンだろ」っていう風潮がありましたよ。あの時代の経験を経てのブシロードですもんね。

山本 そういう空気感があったから時代がSWSにブーイングしたわけですよ。でもあくまで一般社会、プロスポーツにおいてはカネがすべてだからね。あの賭けは俺もビクビクものでしたけど、あの時代の「お金じゃない」っていう雰囲気が味方してくれていたわけですよ。プロレスファンはそんなにドライじゃなかった。乾いてもいないし、しらけてもいなかったんよ。

――その後も誌面では第二弾、第三弾ってキャンペーンを張るわけじゃないですか。

山本 わりと早々にSWSを取材できなくなったので、完全に全日本を応援するっていうスタンスに切り替えたわけですよ。

――広告デザイン事件ですよね。SWSが週プロに広告を出稿した際、レイアウトは編集部が担当して、天龍さんの顔に黒いフキダシが被っていたという。

山本 あれは印刷会社のミスなのか知らんけど、間違ったレイアウトを載せてしまったんよ。あれは運命的な出来事だよねえ。いままでそんなミスは一度もなかったんだよ？　普通はデザイン通りに仕上げるのにさ、印刷所の人たちが天龍の口元を隠してしまったっていう。あれを見た田中社長が激怒してね。田中社長はキレやすい人というか、気が短くてせっかちなわけ。いくらこちら側が「いや、こちらがデザイナーに指示したものがあるんですよ。これを見てください」と説明してもさ、「いやいや！」って。

――そこに山本さんは立ち会ってはいないですよね？

山本 立ち会ってない。

――結局、そのミス一発で取材拒否と。

山本 でも俺から言わせたら、なんで広告をこっちに作らせたのかっていうことなんですよ。自分たちで作って版を持ってくればいいわけよ。まず、こっちに作らせたっていうのが問題で。

――その言い草。それで取材拒否を通達されたときはどう思ったんですか？

山本 「しめた」と思ったよ。

――それは本音ですか？

山本 「しめた！　やったー！」ってね。「これで心置きなく闘っていけるぞ！」みたいな。

――それ、ホントですか？

山本 ホント。「向こうがその気ならこっちもガチンコだ。こうなったら俺と田中社長の勝負だ!!」って。

——頭おかしいですよね（笑）。

山本　だって向こうがその気なんだから。でも、そこでまた安達さんが出てきてさ、田中社長に「マスコミと闘っても無駄ですよ。いい方法がありますよ」と。「ターザン山本をカネで引き抜けばいいんですよ」って。

——田中社長に進言した。

山本　そこで契約金が5000万で、年収5000万だったら俺は行ってますよ。

——行くんだ!?

山本　5000万だったらだよ？（笑）。でも、そこは田中社長にも意地があるから、そこまでプロにはなれなかったわけですよ。要するに「ここまで来たら、とことんまで闘って勝負を決めたい」みたいな。ホントならさ、たしかにいちばんいい方法は、俺をカネで引き抜けばいいんですよ。それで俺は1億もらって適当に途中で辞めればいいんですよ。そうなっていたら、いちばんおもしろかったんだよねえ。

「俺は田中社長に『闘いというのは撤退をするときいちばん難しいものなんですよ』と言ってさ」

——おもしろいけど……。

山本　そうなれば俺は天龍以上の大悪党になるわけですよ。そうなったときの馬場さんと元子さんの顔が見たかったねえ（笑）。

——クズでしょ、マジで（笑）。

山本　実際に水道橋のルノアールに安達さんが話をしに来たんよ。「社長にこういう話をしたんだけどダメだった」ってね。

——そのとき山本さんは、なんて答えたんですか？

山本　「惜しいな〜」って（笑）。

——「ちぇっ！」（笑）。

山本　なんでそこでさぁ……。「ちゃんと説得しろよ！」みたいな（笑）。

——ちょっと話が混乱してきましたね。

山本　それで結局、全日本は（1990年）6月に三沢が鶴田に勝つというあの歴史的事件を決定打として、SWSに大ダメージを与えたよね。あの日の武道館が超満員になったから馬場さんももう安心したんよ。

——「再建できた」と。

山本　じゃあ、普通であれば俺に報奨金をくれるもんだけどねえ。

——……。それでSWSは1992年6月に活動停止を発表して、活動期間は丸2年という。SWSを畳むっていうときに、山本さんは田中社長と会ったんですよね？
山本　会った。田中社長は企業家として初めてピンチに陥ったわけよ。そもそもプロレス界に進出することはメガネスーパーの社内で猛反対されていたわけ。あるいはライオンズクラブの企業家仲間たちからも「やるな！」って言われてたんだけど、あの人は意固地なところがあって、聞く耳を持たずにやっちゃったわけですよ。その結果、全国にチェーン店が山ほどあるメガネスーパーの経営自体もヤバい状況に陥ったんよ。それで結局、手を引かざるをえないとなったところで、初めて俺と会おうじゃないか、この事態を収めようじゃないかということで、日本橋にあるしゃぶしゃぶ屋『ざくろ』に呼ばれて行ったわけですよ。
——それは誰から連絡があったんですか？
山本　ドン荒川だったかな。
——じゃあ、荒川さんも同席していたんですね。
山本　闘ってる者同士のトップが会っているわけでしょ。戦国大名の和平交渉みたいなもんよね。荒川さんはひょうきん者だから、田中社長にとってはそういう場に必要な人間だったんだよね。それでさあ、『ざくろ』のしゃぶしゃぶがめちゃくちゃうまいんだよね！　高級かつ、個室だから。
——高級かつ、個室（笑）。
山本　それで田中社長が「ＳＷＳをもう畳みたい」と言ったわけよ。その言葉に対して俺は「ああ、そうですか。わかりました」と答えて終わりよ。それまでのいきさつ、出来事、お互いにいっさいしゃべってない。それで俺は「社長、闘いというのは撤退をするときいちばん難しいものなんですよ」と言ってね。
——いったい、何目線なんですか！（笑）。
山本　いやいや、そうなんですよぉ！　撤退の仕方がいちばん難しいんですよ。だから「この相談はいちばん難しいですね。いまはいい方法がすぐに思いつかないけど、とりあえず考えてみましょう」と言ったんだよね。それであとは和やかに、いままで何もなかったかのように楽しくメシを食ってさ。それで「じゃあ、考えておきます」って言って帰ろうとしたときに茶封筒が出たんよ。
——出ました、茶封筒（笑）。
山本　田中社長は家が小田原で遠いんだけど、タクシーで帰るんだよね。「凄いな、新橋からタクシーで帰るのか」と。それで俺も葛飾までタクシーで帰るわけだけど、そのタクシーの中で「なんだ、分厚いな」と思って茶封筒を開けてみたらね、50万円。
——そのときの50万円はどう思ったんですか？
山本　初めて金権プロレスの実態がわかったね。「あっ、こういうことがレスラーとの間で日常茶飯事的にあったんだな」と。それですべてがわかったので、俺はめちゃくちゃガッツポーズしたんよ。「俺は証拠を掴んだぞ！」と。だから俺は言いたいわけですよ。ＳＷＳに行った連中がどれだけの契約金をもらって、年俸がいくらだったのか。いまだに誰ひとり、一言も語っていないわけですよ。

――まあ、語る必要もないというか。

山本　いや、語っていない以上は俺に文句は言えないわけですよ！　俺がＳＷＳを潰したって言うんだったら、「あなたたちは、いったいどれだけのカネを食い潰したんですか？」と言いたいんよ！

（つづく）

ターザン山本！（たーざん・やまもと）
1946年4月26日生まれ、山口県岩国市出身。
ライター。元『週刊プロレス』編集長。
立命館大学を中退後、映写技師を経て新大阪新聞社に入社して『週刊ファイト』で記者を務める。その後、ベースボール・マガジン社に移籍。1987年に『週刊プロレス』の編集長に就任し、“活字プロレス”“密航”などの流行語を生み、週プロを公称40万部という怪物メディアへと成長させた。

新潟に行って、また古泉先生やマッスル坂井さんと一緒に遊んだりしたいなあ！

やめてよ
お母さん

ミサキ
ちゃん
ぱっ

ザッ
ふざけん
じゃねえ

ひどい
店長
なんで
分かん
ないん
ですか

やられ
てんのは
こっちだぞ

ちがいます
店長は何発も何十発も
ブラックバスさんの心を殴ってるんです

え

……

……

……

分かったぜ

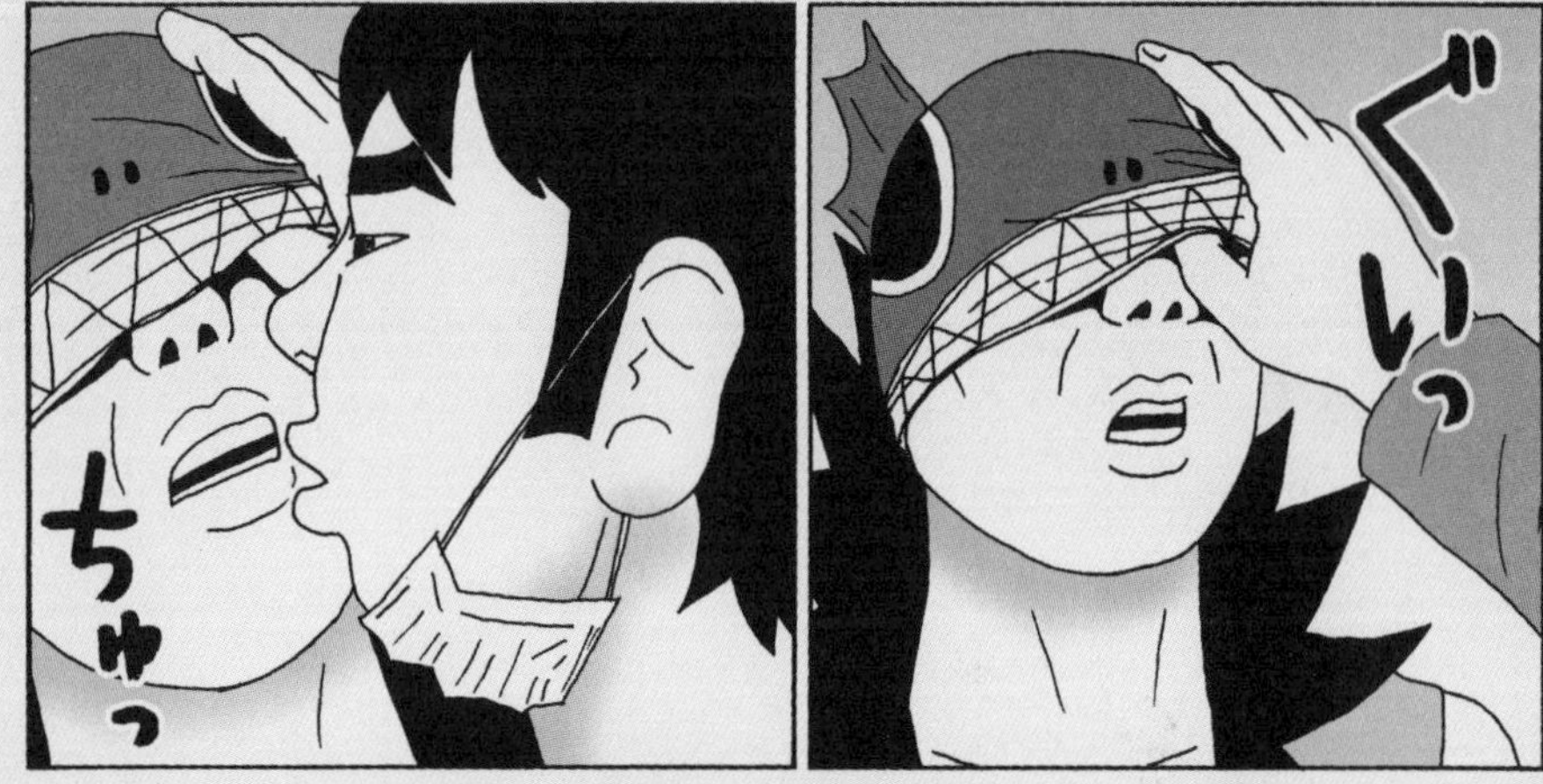
ぐいっ
ちゅっ

バカー
お母さーん

マッスル坂井と真夜中のテレフォンで。

06/14

MUSCLE SAKAI DEEPNIGHT TELEPHONE

スペシャルゲスト
藤井健太郎
［TBSプロデューサー・演出家］

「ボクはもともと家にいるのが好きなので、そういう意味では『まだまだいけるな』って（笑）」（藤井）

――坂井さん……。先月に引き続き、やはり話すことは特にないですよね？
坂井　ないっ！
――コロナ禍により、このコーナーもすっかり頭打ちということで、今日は急きょLINEの動画通話にてスペシャルゲストをお招きしました。藤井健太郎さん・フロム・『水曜日のダウンタウン』です！
藤井　どうも。
坂井　おお～っ！（笑）。
――気安くお声がけしておいてアレなんですが、今日は厳しい質問をふたりでいっぱいぶつけますので、よろしくお願いします。
藤井　なんでも。そういえば先月かな、赤坂の本屋に入ったら『KAMINOGE』を立ち読みしている男性を見かけたんですけど、「ああ、こういう人が一般的な『KAMINOGE』なんだな」と思って。
――どういう人だったんですか？
藤井　白髪でけっこうな長髪で。たしかリュックを背負ってましたね。
坂井　年の頃は？
藤井　たぶん50代ですよね。『KAMINOGE』を熱心に、けっこうな時間ずっと読んでましたよ。
――まあ、立ち読みですけどね（笑）。
坂井　この自粛ムードのなか、店内で立ち読みをしている人はけっこういたんですか？
藤井　時期も時期だし、そんなにはいなかったですね。
坂井　つまり、『KAMINOGE』読者には不謹慎な人が多いと。

構成：井上崇宏

藤井　なんとなく、あの人は取材したほうがいいんじゃないかなと思いましたね。職業も想像がつかない感じだったので。

――なるほど。では、赤坂の本屋で『KAMINOGE』を立ち読みしていたあなた、これを読んでいたら編集部までご連絡ください（笑）。

坂井　藤井さんは、この自粛期間中はどうやって過ごしていたんですか？

藤井　そんなに変わったことはしていないですね。『水曜日のダウンタウン』も新撮は「リモート〝コントロール〟クロちゃん」が1回ありましたけど、それ以外は再放送的なものなので。そこも最低限の編集作業はあるけど、普段と比べたらたいしたことないですからね。まあ、ボクはもともと家にいるのが好きなので、そういう意味では「まだまだいけるな」っていうか（笑）。家でしたいことが普段できていなかったので、個人的には全然「いくらでもいられるぞ」っていうのはありますね。

坂井　タレントがみんな聞かれるやつですけど、家でどんなものを観たりしていました？

藤井　まあ、ベタに『梨泰院クラス』とか。

坂井　『梨泰院クラス』は何日くらいかけて観るんですか？

藤井　1日1話以上は観ていた気がするので、1週間強くらいで観終えたのかな？　まあ、一時はめちゃくちゃヒマでしたからね。あとは『マイケル・ジョーダン：ラストダンス』とか。そんな感じのわりとオーソドックスな。

坂井　やっぱNetflixだ。

藤井　やっぱNetflixは強いですね。

坂井　YouTubeとかも観ました？

藤井　まあ、人並みにはだと思いますけど、特段「これを観た」っていうほどの何かは観ていないかな？

坂井　アウトプットができない時期でも、そうやっていろいろ観る気になるんですね。意外と忙しいときのほうが本を読んだり、テレビを観たりしませんか？

藤井　いやでも、ボクは忙しいときはホントに、物理的にあまり時間が取れないことも多いので。あと『女帝 小池百合子』も途中まで読んでますよ（笑）。

「俺は藤井さんに指摘されて以来、床屋で額を1センチ剃ってもらってるんですから」（坂井）

――ちょっと恥ずかしいんですけど、ボクはもっともっと藤井さんのことをいっぱい知りたいっス。

藤井　なんですか、それ（笑）。

――なかなか面と向かっては聞けないこともあるんですけど、こんな夜だからいいですか？　藤井さんはボクのこと、好きですか？

坂井　頭がおかしい（笑）。

藤井　なんていうか……（笑）。まあ、好きは好きじゃないですか？

――よかったあ（笑）。やっぱり人を見抜く力のある藤井健太郎には嫌われたくないじゃないですか。それとこちらのマッスル坂井さんも、ボクのような凡人からすると凄く天才なんですよね。藤井さんはマッスル坂井のことをどのように評価されているのかなと。

坂井　し、知りたい（笑）。

藤井　もちろん、ボクもみんながそう思っているように、普通に天才だなって思うところもたくさんありますよ。

坂井　おおっ。

藤井　1000人くらいを喜ばせることに関しては相当なもんだと思いますね。

坂井　ワハハハハ！　後楽園ホール規模で（笑）。

KAMINOGE COLUMN

藤井　1万人を喜ばせる能力は、まだもうちょっとかもしれないけど（笑）。

坂井　ワハハハハハ！

――ボクね、藤井さんのそういう意外とマッスル坂井にはずけずけ言うところが好きなんですよ。

藤井　そうですか？（笑）。

――気づいてないですよね。前に耳を疑ったのが、「額が狭い人ってバカそうに見えますよね。まあ、坂井さんもそうですけど」って面と向かって言いましたよね（笑）。

藤井　アハハハハ。たしかそんなことを言いましたね（笑）。

坂井　それ、去年の9月くらいの話ですよ。俺はそれ以来、床屋で額を1センチ剃ってもらってるんですから。

――えっ！　そのひと言でじゃないでしょ？

坂井　そのひと言でですよ！　ほら（と額を見せる）。

藤井　アハハハハ。

――ええーっ？（笑）。

坂井　まあ、藤井健太郎さんから言われたとは言わなかったけど、床屋でこうこうこういう理由でって説明しましたよ。「ある人から『バカそうだ』って言われて……」って（笑）。そこからちゃんと1センチ剃って額を広くしているんですよ。俺はもうちょっといってもいいかなとは思ってますよ。

藤井　べつに「バカ」とは言ってないですからね（笑）。

坂井　でも俺の場合は、額よりも仕事で喜ばせる人の層を広げないと（笑）。

――藤井さんは、仕事で徹夜とかしないっていう生活って、超ひさしぶりじゃないですか？

藤井　たしかに。目覚ましをかけずに寝てるっていう。

――クロちゃんのやつも事前の手間暇があるとはいえ、生ですもんね。

藤井　そうそう。あれはホントは自粛期間に入ったら真っ先にやりたかったんですけど、会社のルールになかなかハマらずに時間がかかっちゃって。

坂井　でも、もっともテレワークな企画でしたけどね（笑）。

藤井　ねえ。あれは家だし、ひとりだし。ただ、わりと中継がちゃんとしたものになるので、そこにかかる人員が緊急事態宣言中のTBSの規定だとジャッジが難しかったという。あとはやっぱり前例のないこと、やったことのない形だったので、みんなどうなるのかが想像つかないんですよね。

坂井　前例は『トゥルーマン・ショー』だけですもんね。

藤井　前例がないことへの許可はなかなか下りづらいっていうのはありますね。

坂井　あの回の評判はどうだったんですか？

藤井　なんか意外と「おもしろくなかった」っていう声が多かったのかな。こっちも形の物珍しさ、おもしろさでやってるので、普段よりも笑いが弱いってことはわかってはいたんですけど。

坂井　番組のファン全員が全員、けっして新しいことだけを求めているという感じでもないんですね。単純に笑おうと思って観ているってことなんでしょうね。

藤井　そこはもちろんバランスなんですけどね。

坂井　だってダウンタウンさんが1秒も出ていないって、凄くないですか？（笑）。

藤井　だから新しいことに対する評価というか、同業者からはわりと褒められている感じはしましたけど。

坂井　1時間番組で、ひとりしか出ていないテレビなんてないですもんね。

藤井　そうですね。それとあの状況のなかでの立ち回りというか、ひとりでなんとかするっていう意味では、クロちゃんもかなりの点数を出したとは思いますし。

坂井　あれはほかのタレントさんたちが嫉妬しなきゃいけないやつですよね。

藤井　細かい話になりますけど、選択肢をちょっとミスったという部分はあるんですよね。最初の「身を清める」ってやつとか、いちばんおもしろそうだから視聴者がまずそこに行くのは想定していたんですけど、あんなに何度も行くとは思わなくて（笑）。次にほかのやつに行ってくれたらもっと広がって、派生していくようにはなっていたんですよね。たとえば生放送中にメルカリに家の物を出品しなきゃいけなくなるとか。

坂井　アッハッハッハ！

藤井　「では、脱いだクロちゃんの服をどうする？」っていう。そういうリアルタイムでのおもしろい仕掛けもいくつかあったんですけどね。

「父親が会長として残りますけど、このたび私は会社の代表権をもらいましたので責任感が……」（坂井）

——これ、いきなり話は変わるんですけど、昔から自分のなかでちょっとヤバいなと思っていることがあって。たとえば駅のホームで電車を待っていて、「腹減ったな。何を食おっかな……」って思っているとするじゃないですか。それで電車が入ってくる音が聞こえたときに、瞬間的に線路に飛び込みそうになる衝動があるんですよね。

坂井　アッハッハッハ！

——直前まで「何を食おっかな……」って思ってるくらいなので、疲れてるとか病んでるとかではなく（笑）。それで飛び込みそうになって、「ああ、いかんいかん……」ってなったことが定期的にあるんですよ。

藤井　まあでも、ちょっとだけわかりますけどね。ボクはそこまでじゃないけど、「いま、もし飛んじゃったら」ってことを想像することはありますよね。

——ありますよね。そこでボクは一歩足を前に踏み出しちゃうっていうか。

藤井　あとは高所みたいなところに立ったときなんかに、「いま落ちれるな」って思うことはちょっとありますけどね。

——あるある！（笑）。

藤井　でも「落ちよう」とまではいかないですよね。やっぱり、そのもう一歩手前くらいまでを思うってだけで。

坂井　合っているかわからないですけど、あまり人には見られたくない、たとえばセックスしてるときとかに、ついつい「これをインスタライブしたいな」って思ったりとか、ってことですよね？（笑）。

藤井　それはまったくないな（笑）。

坂井　俺は「このままライブで配信したらどうなるんだろ？」とか思っちゃいますよ。「これやったら終わるよな」っていう（笑）。

藤井　でも、飛び込むやつは自分に後腐れがないけど、それはめちゃくちゃ後腐れるじゃないですか。そういうめんどくさいのは嫌ですね（笑）。終わらせたいならまだわかりますけど、めんどくささがめちゃくちゃ残るから、願望とは逆になっているような気がしますけどね（笑）。

——だからボクらのなかでは坂井さんがいちばん飛んでるっていうか、悪い意味でも飛んでる部分ってのがありますよね。

坂井　ありますね。

——藤井さんは、坂井さんのそういうところに気づいてますか？

藤井　まあ、なんとなく感じるところはありますけどね。ボクはそういうのがないので、わりといちばんまっとうなんじゃないですか？
――藤井さんって人を悪い気にさせないですよね。自分の気分で人を傷つけたりはしないというか。
藤井　そんなに人とぶつかるような感じではないですからね。
坂井　仕事でも、ちゃんと事前に上司とかに報告もするわけですもんね。
藤井　理屈はめちゃくちゃこねますけど、隠し事とかはしないっスよ（笑）。
――コミュニケーション能力も高いですもんね。
藤井　まあまあ、それもまっとうじゃないですかね？
――そういえば、坂井さんがいまいる場所って会社ですよね？　このたびお父さんのあとを継いで坂井精機の社長に就任されたそうで。
坂井　そうなんですよ。いろんなところから胡蝶蘭を贈っていただいてますよ（笑）。
藤井　お父さんのほうは会長として残るってことですか？
坂井　会長として残ります。だけど私は代表権をもらいましたので責任感が……（笑）。
――それっていつから決まっていたことなんですか？
坂井　ホントは今年の12月くらいに交代しようって話だったんですけど、コロナで東京にも行けないし、ずっと新潟にいるから逆にいまかなと思って。

「会社は夢を叶える場所じゃなくて、みんなの生活基盤を形成するところなんだろうな」（坂井）

――社長になってみて、どういう心境ですか？　一応リアルに責任は背負うわけですよね？
坂井　だから毎日ちょっと大きめのハンコを押してますよ。融資とかのあれこれにハンコを押しまくってますよ。
――いま製造って凄い大変なんでしょ？
坂井　ここから特に大変になるんじゃないですかね。
藤井　まだまだ通常には戻らない感じですか？
坂井　戻らないです。先週また雇用調整助成金みたいな、要は会社や工場が休んでも休業補償が出ますっていう期間が延長されちゃったので、9月までは休みを取りながら仕事をするっていう会社が増えてきますよね。そうやってお客さんとか外注さんが全部休んじゃうから、ちょっと仕事がしづらくなりますよね。
――坂井精機は社員さんは何人でしたっけ？
坂井　40人です。
――学校の1クラスだ（笑）。
坂井　そうそう。ワンチームの最大人数ね。
――若者から年配の方まで40人。また、その40人のうしろには奥様や子どもたちがいるわけでしょ。
坂井　2～3人ずついますよね。
――じゃあ、100人が「社長、頼みますよ」っていう。
坂井　はい……。
――何か秘策みたいなものはあるんですか？　既存の金型業界では思いつかないようなことを考えてるでしょ？
坂井　秘策はホントにないですね。そういうのをやると絶対に潰れるじゃないですか。徹夜をしなきゃいけなかったり。自分自身のやりたいことはプロレスとかでやるしかないんだなって思いながら粛々とやっていますよ。会社は夢を叶える場所じゃなくて、みんなの生活基盤を形成するところなんだろうなって。

——大変だなあ。でも藤井さん、そんななかで坂井さんは新車を注文したんですよ。

藤井　おっ。

坂井　やめてくださいよ！（笑）。

藤井　何を買われたんですか？

坂井　ランドローバーのディフェンダーっていう新型のやつが出て、それにしようと思ったんですけど……思ったというか、それを注文しました、はい（笑）。

藤井　けっこういい、まあまあいいお値段のやつですね。

坂井　まあまあいいお値段の……はい（笑）。

——なんか、歯切れの悪くなる買い物ってするものじゃないね（笑）。

坂井　そうなんですよ（笑）。でも「クルマを買うのにタイミングなんてない」って井上さんがいつも言ってたから。

——そんなこと言わないよ（笑）。

坂井　「クルマが人を育てるんだよ」って。

——絶対に言ってねえよ！（笑）。

「ボクも過去に自分で作った番組を観て、いまの感覚だったら『ここはなしだな』とかってありますから」（藤井）

藤井　この3人のグループLINEがあるじゃないですか？　そこでけっこう、なんか世の中の出来事とかがあったときに、「これってこうじゃないですか？」みたいな話をするじゃないですか。そこで答え合わせっていうか、なんとなくの意識の共有ができてるので、「やっぱり間違ってないよね？」っていう確認は取れている感じはしますけどね。けっこういい場所になってるというか。井上さんや坂井さんと意識がズレていなかったら、世間とのズレはわからないけど自分が目指してる方向とのズレはそんなにないんじゃないかなっていう気はしてますけどね。

坂井　俺もあのグループLINEがあるから、うっかりツイッターに変なことを書かなくて済むようになってますからね（笑）。世の中のあらゆることに関する漠然と感じている違和感とか、そういうことなんかもそこに吐き出せますもんね。

藤井　そうそう。世間で言ったらあまりよろしくない意見だとしても、「ホントはこっちよね」っていうのはあるじゃないですか。

——あれのグループLINEのことをボクは「ライフライン」って呼んでますから、ホントに（笑）。あれで心の安定を保てられているっていうか。

藤井　まあでも、そんなところがちょっとありますよね。

——5年前とか3年前、1年前でもなんとなく許されていたことが、いまの時代の空気感だと完全にアウトってことも多いじゃないですか。

藤井　ふと思い出しましたけど『水曜日のダウンタウン』の初期の頃、「イタコ、バラエティ以外の使い道謎説」みたいな感じのやつをやって、イタコのところに行っていろいろやってもらったんですけど、その中に「これはちょっとさすがに」ってなってカットになった部分があるんですけど、そんなのいまの感覚だったら、最初からやろうとはしないというか。

——ありますよね。こないだ、吉田豪さんが自分がここ15年でやった書評を1冊の書籍にして出したんですけど、それで初期の頃の自分の原稿をあらためて読み返してみたときに「自分の口の悪さに驚いた」とどっかで言っていて。

藤井　わかります。ボクも過去に自分で作った番組を観て、いまの感覚だったら「ここはなしだな」とかってありますから。

もちろん、そのときはそれでいいと思っていたわけで、どっちが正しいかはわからないですよね。

――ボクなんかでも、昔の座談会とかでの自分の発言を読んでゾッとしますもんね。こんなに人でなしなことを言ってたんだと思って。でも当時はそれでアハハオホホ言ってたんで、なんの問題もなかったんですよ。

藤井　そうですね。だから変に意図しないところで昔のやつを引っ張り出されるのは嫌ですけどね。

坂井　昔のマッスルの動画とかを観るとパワハラしかしていないですからね。

藤井　これって、いつもどれくらいしゃべってるんですか？

――いつもは30〜40分とかですかね。すいません、もう1時間40分やってますね（笑）。リモートだと時間が経つのがめっちゃ早いですね。

坂井　あれ、Ｚｏｏｍ飲みとかやらなかったんですか？

――ボクは打ち合わせとかだけだけど、これはＺｏｏｍ飲みとか普通にできるね。

坂井　飲んでると、ホントあっという間に0時ですよ。じゃあ、藤井さん。最後に1個アドバイスをいただいてもいいですか？

藤井　えっ？　はいはい。

坂井　1万人の人を楽しませるにはどうしたらいいですか？

藤井　アハハハハ。

坂井　たしかに1万人をコンスタントに楽しませることができたら、ずっと食っていけますもんね。

藤井　ごめんなさい、１０００人はちょっと低く言い過ぎましたね。もうちょっといけているとは思います。

「子どもが『水曜日のダウンタウン』を観て笑っているっていうのは嬉しい。自分も中高生だったら、たぶん観てますもんね」（藤井）

坂井　あっ、現状で。たしかに自分でも「３０００だろうな」と思ってるんですよ（笑）。

藤井　そう、３０００人くらいですね。でも、３０００人に対する深さというか強度みたいなものは逆にかなり強いと思いますよ。

坂井　でも、うっかり1万いきたいですよね。

藤井　だからそこの使い分けが利くといいですよね。ボクだって、さらばのやつ（『さらば青春の光×藤井健太郎〜テレビでもネットでもできないし、個人事務所じゃなきゃできない映像ＬＩＶＥ〜』）はあの数百人っていう人数がいいじゃないですか。あれで1万人は絶対に笑わないから。

坂井　たしかにそうですね。使い分け。ちなみに井上さんは何人ですか？

――いやいや、私はおふたりとは同じ生業じゃないですから（笑）。

藤井　間口ということだと、井上さんのほうが広いと思いますよ。

――うふ（笑）。

藤井　これはちょっと突っ込んだ話になりますけど、ボクも『プロレスキャノンボール』は観ておもしろかったんですけど、「たぶん間口は狭いな」とも思ったんですよね。いろんな前提をすっ飛ばしているし、ケツのほうはたぶん全然フラットに観られたんですけど、前半戦の勝ち負けの意味合いとかがだいぶ擦れていないと普通に楽しめないっていうか（笑）。

坂井　たしかにそうなんですよ（笑）。

藤井　おもしろいんだけど、これはみんながみんな楽しめるやつではないなって、あのときに思いました。

坂井　たしかに作っている途中で「これはカラーを変えなきゃダメだ」ってわかったんですよね。それはホントにそうで『プロレスキャノンボール』も動員数が1万いってないですもん。リアルに5000〜7000人くらいだった気がします。

——でも、ボクも一緒になって笑っていられないんで。ボクにも1万の壁っていうのは当然あるんで（笑）。

藤井健太郎

マッスル坂井

藤井健太郎（ふじい・けんたろう）
1980年4月16日生まれ、東京都練馬区出身。TBSプロデューサー/演出家。
立教大学卒業後の2003年にTBSに入社。入社1年目に社内に出した企画が通り、2年目にして特番『限度ヲ知レ』のプロデューサーと総合演出、アシスタントディレクターを兼務。 翌年バラエティに異動し、『リンカーン』や『ひみつの嵐ちゃん！』などの人気番組のディレクターを経て、『クイズ☆タレント名鑑』『テベ・コンヒーロ』などを演出・プロデュース。現在は『水曜日のダウンタウン』の演出を務めている。

坂井　でも、井上さんのほうが間口は広いって言われたじゃないですか。やっぱり受付が世田谷にあるのと、新潟にあるのとでは全然違いますよ。

——それは関係ないよ（笑）。藤井さんはそろそろ現場復帰って感じですよね？

藤井　まだちょっとゆるいですけど、来週ぐらいから徐々に戻りますね。

——ボクは『水曜日のダウンタウン』を観るくらいしか楽しみのない人生なので、これからもよろしくお願いしますね。

藤井　そうなんですか？（笑）。

——ずっと楽しみにして観ています。自分も好きですし、『水曜日のダウンタウン』を観てゲラゲラ笑ってる息子たちの顔を見るのもボクは好きなんですよ。なんか安心するっていうか。

藤井　若い子どもとかが笑っているっていう情報は嬉しいですよね。まあでも、自分が中高生だったらたぶん観てましたもんね。だって『××××』を観て子どもがずっと笑っていたら、「大丈夫かな……」ってちょっと思うじゃないですか（笑）。

坂井　ウチの小4の息子、ずっとその番組を観て笑ってますよ……（笑）。

KAMINOGE №103

次号 KAMINOGE104 は
2020 年 8 月 7 日（金）発売予定！

小さな傘で無職の悲壮感を演出する宮田充さん（52歳）

2020 年 7 月 15 日
初版第 1 刷発行

発行人
後尾和男

制作
玄文社

編集
有限会社ペールワンズ
（『KAMINOGE』編集部）
〒154-0003
東京都世田谷区上馬 1-33-3
KAMIUMA PLACE 106

WRITE AND WRITE
井上崇宏
堀江ガンツ

編集協力
佐藤篤
村上陽子

デザイン
高梨仁史

表紙デザイン
井口弘史

カメラマン
タイコウクニヨシ

編者
KAMINOGE 編集部

発行所
玄文社
［本社］
〒107-0052
東京都港区高輪 4-8-11-306
［事業所］
東京都新宿区水道町 2-15
新灯ビル
TEL:03-6867-0202
FAX:048-525-6747

印刷・製本
新灯印刷株式会社

本文用紙：
OK アドニスラフ　W A/T 46.5kg